Adolf Lampe, Umrisse einer Theorie des Handels

Forschungsstelle für den Handel e. V. Berlin (FfH)

Die Schriftenreihe der Forschungsstelle für den Handel wurde im Jahre 1931 von *Julius Hirsch* begründet. Eine „Neue Folge" entstand in den Jahren der Zugehörigkeit der Forschungsstelle zum damaligen Reichskuratorium für Wirtschaftlichkeit. Diese „Dritte Folge" knüpft an beide Reihen an. Sie wird von *Joachim Tiburtius* in Verbindung mit *Walter Britsch* herausgegeben. Schriftleitung *Wolfgang Fleck*.

ADOLF LAMPE

Umrisse einer Theorie des Handels

Aus dem Nachlaß herausgegeben
von Dr. Rudolf Rohling

DUNCKER & HUMBLOT / BERLIN

Geleitwort zur Wiederaufnahme der FfH-Schriftenreihe

Ministerialdirigent Dr. *Britsch*

Die Forschungsstelle für den Handel nimmt nach langen Jahren des Schweigens ihre Schriftenreihe nunmehr wieder auf: das muß jeden, der die früheren Schriften der Forschungsstelle für den Handel kennengelernt hat, aber auch jeden anderen, der an Handelsfragen interessiert ist — sei er nun ein Mann der Praxis, ein Mann der Wissenschaft oder ein Mann der Verwaltung — aufhorchen lassen. Darf er doch damit rechnen, daß ihm, wie es früher der Fall war, aufs neue wertvolles Wissen über Lage und Leistungen der wichtigsten Handelszweige vermittelt werden wird.

Forschungsstelle für den Handel in Berlin: die Erinnerung an die ersten bahnbrechenden Schritte zu einer auf betriebliche Tatsachen gestützten Handelsforschung in Deutschland wird wachgerufen. Der Gründer der Forschungsstelle Julius *Hirsch* tritt vor uns hin, dem wir die erste wertvolle Zusammenfassung und einheitliche Auslegung des zu seiner Zeit verfügbaren gesamten Zahlenmaterials über Handelsvorgänge und Handelsformen verdanken. Sein Nachfolger ist Joachim *Tiburtius*, der als Geschäftsführer der Hauptgemeinschaft des Deutschen Einzelhandels die betriebswirtschaftliche Gemeinschaftsarbeit in diesem Berufsstande erstmalig verwirklichte — eine Selbsthilfemaßnahme der Unternehmer, die uns heute als eine Selbstverständlichkeit erscheint; er hat — unterstützt vor allem durch Walter *Zippel* und Patrick *Schmidt* — das von Julius Hirsch begonnene Werk zu einer den Großhandel und Einzelhandel in gleicher Weise erfassenden repräsentativen und laufenden Erhebungsarbeit entwickelt.

Mag die Abschließung Berlins, die heute den früheren Wirkungsbereich der Forschungsstelle beschneidet, die augenblickliche Arbeit in erster Linie auf eine intensive unmittelbare Beobachtung des Geschehens in den Berliner Betrieben des Handels beschränken, der Wert der dabei gewonnenen Erkenntnisse wird dadurch nicht herabgesetzt. Ja, diese Beschränkung bedeutet mitunter gerade einen besonderen Vorteil, weil sie intensivere und individuellere Untersuchungen und Beobachtungen zuläßt, als sie anderswo möglich sind. Ganz abgesehen davon steht aber die Forschungsstelle für den Handel mittelbar auch heute über die politischen Grenzen hinweg mit der Entwicklung von Handelspraxis und Handelsforschung in dem für ihre Tätigkeit unentbehrlichen geistigen Kontakt. Sie hat darum an Bedeutung nicht verloren.

Daß die Forschungsstelle für den Handel die Wiederaufnahme ihrer Schriftenreihe mit den aus dem Nachlaß herausgegebenen Umrissen einer Theorie des Handels von Adolf *Lampe* eröffnet, hat in gewissem Sinne die Bedeutung eines Programmes. Die „Umrisse", die Adolf Lampe uns hier in knappen, das Objekt aber gerade deshalb um so klarer erfassenden Zügen gezeichnet hat, bedürfen noch der Ausfüllung; er deutet das selbst am Schlusse an. Hierum wird es in den weiteren Heften dieser Schriftenreihe vor allem anderen gehen müssen. Das ist eine Aufgabe, zu deren Lösung man den Herausgebern volle Unterstützung durch die Praxis wünschen muß. Geht es doch hier um das Interesse des deutschen Handels und der deutschen Binnenhandelspolitik und um Fragen, die von vielen Seiten beleuchtet und behandelt werden müssen, wenn praktische Lösungen, wie sie in Gegenwart und Zukunft gerade auf diesem Gebiet notwendig sind, gefunden werden sollen.

Inhalt

Die Bedeutung der „Umrisse einer Theorie des Handels" für die Handelsforschung

Vorwort von *Joachim Tiburtius*

Die hiermit der Öffentlichkeit übergebene Arbeit ist eine nahezu wörtliche Zusammenfassung verschiedener Entwürfe, die Adolf *Lampe* uns hinterlassen hat. Sie wurde von Dr. Rudolf *Rohling* vorgenommen, der mit ihm diese „Umrisse einer Theorie des Handels" von deren erster Planung an oft und ausgiebig diskutiert hat und so als der intimste Kenner ihrer Leitgedanken gelten kann. *Frau Gertrud Lampe*, Dr. Rudolf *Howald*, Dr. Wolfgang *Fleck* und der Verfasser dieses Vorwortes haben es sich zur Ehre angerechnet, ihn bei seinen Bemühungen um eine sinngetreue Erhaltung dieses eigenwilligen und entwicklungswerten Beitrages zur Handelsforschung nach Kräften zu unterstützen. Der Deutschen Forschungsgemeinschaft ist für die Gewährung einer Sachbeihilfe zu danken.

Die uns nachgelassenen, zum Teil unvollständigen Manuskripte ergeben auch nach ihrer Vereinigung noch nicht ganz das Bild dessen, was Lampe hat erreichen wollen. Lediglich der erste Abschnitt (Funktionstheorie) kann als in seinem Sinne abgeschlossen gelten. Der zweite Abschnitt (Spannungssystematik), der der Aufstellung eines Kataloges von Spannungstatbeständen und ihrer einheitlichen Erklärung dienen sollte, trägt alle Merkmale eines Entwurfes, mit dessen letzter Form der Verfasser nachweislich selbst noch nicht zufrieden war. Das gilt in noch stärkerem Maße auch für den dritten Abschnitt (Handelsformenlehre), der in seiner Ausführung ja auch wesentlich von der für die Spannungssystematik gesuchten abhängig bleiben mußte.

Daß auch dann, wenn es Lampe vergönnt gewesen wäre, diese Arbeit selbst zu Ende zu führen, wirklich nur ein Umriß der Handelstheorie geboten werden sollte, geht aus den Schlußworten hervor: „Funktionstheorie, Spannungssystematik und Handelsformenlehre sind hier nur in ersten Umrissen aufgezeichnet. Ihr Ausbau kann nur das Werk einer weit ausholenden, geduldigen Gemeinschaftsarbeit sein."

Die dann folgenden Sätze lassen noch einmal erkennen, welch weittragende Bedeutung Adolf Lampe einem wissenschaftlichen Eindringen in das gesellschaftswirtschaftliche Wesen der Handelsleistung beimaß. Er hoffte nämlich, daß durch den konsequenten Ausbau seiner „Umrisse" zu einer, „neben der Preis- und Geldtheorie immer noch fehlenden" Theorie des Handels auch eine grundlegende Reform der Wirtschaftspolitik inauguriert werde, „in deren Mittelpunkt die neue Ordnung der Ausrichtungsdienste steht". Dazu hat er das Seine tun wollen, weil er der Überzeugung war, daß es heute „schlechthin um Sein oder Nichtsein der Marktwirtschaft geht" und ohne eine solche Reform „die Prognose der modernen Industriewirtschaft gar nicht zu pessimistisch sein kann".

Die Umrisse einer Theorie des Handels führen damit Gedanken weiter, die Lampe bereits in früheren Werken[1] zu entwickeln begann. Darüber hinaus sucht er sein Grundanliegen, den Praktikern der Wirtschaft als Wirtschaftsarzt zu nützen, auch hier zu verwirklichen. Patienten sind dabei die Politiker, also Behörden und Berufsverbände, aber auch die Unternehmer in ihrer Eigenschaft als Einzelwirtschafter wie in ihrer Eigenschaft als Mitglieder von Verbänden[2]. Ihnen sollen in erster Linie alle nur irgend erringbaren theoretischen Einsichten und anknüpfend daran Ratschläge hinsichtlich deren richtiger Anwendung übermittelt werden. Immer wieder fand Lampe die Wirtschaftspraxis gegen die Bemühungen der Theorie verschlossen und gegen ihre Empfehlungen skeptisch. Der Theoretiker-Arzt Lampe bestärkt, soweit er zu Worte kommt, den Praktiker-Patienten auf dem Wege zur Ordnung der Konkurrenz durch Entfaltung aller wirtschaftsfördernden Kräfte und Vervollkommnung der Marktüberschau, die für Händler, Lieferanten, Kreditinstitute und Verbraucher herbeizuführen und zu erhalten ist.

Als einen Schritt auf diesem Wege erkannte Lampe schon frühzeitig die regelmäßigen Betriebsvergleiche im Handel an, Arbeiten, wie sie die Forschungsstelle für den Handel nach den Gedanken von Julius

---

[1] Der Einzelhandel in der Volkswirtschaft, in: Wirtschaftsprobleme der Gegenwart, 11/12, Berlin 1930; Binnenhandel und Binnenhandelspolitik, in: Adolf *Weber*, Volkswirtschaftslehre, 4. Band, München 1935.

[2] Der Umkreis dieses ärztlichen Bemühens tritt zutage in Lampes „Umrisse einer allgemeinen Theorie der Wirtschaftspolitik", aus dem Nachlaß abgedruckt in JNÖuSt, Band 163, Heft 2 und 3 (besonders S. 85). Bezüglich seiner Wendung an Berufsverbände und Unternehmer des Handels s. Binnenhandel und Binnenhandelspolitik, a.a.O., S. 89/90.

[3] Im Bereich der Warenhäuser und anderer Großunternehmungen des Einzelhandels tat *Wagemanns* Institut für Konjunkturforschung dasselbe ab 1926.

Hirsch seit 1929 durchführte[3]. Die Errichtung dieses Instituts schien ihm durchaus im Zuge der nach innen gewandten Rationalisierung zu liegen und gleichzeitig als Nebenfrucht notwendige Unterlagen zur Urteilsbildung bei Behörden, Öffentlichkeit und Handelsforschung selbst zu liefern. Er hat die Forschungsstelle für den Handel denn auch in der ihm eigenen Art durch Anregungen und kritische Einwendungen stets gefördert.

Der Staat dient nach Lampes wissenschaftlicher Überzeugung einer Entfaltung aller Kräfte des Wirtschaftskörpers z. B. dann, wenn er Überkonkurrenz durch Einigungsämter der im Wettbewerb stehenden Handelsfirmen begrenzen läßt; er hemmt sie indessen durch Nachgiebigkeit gegenüber den Interessenten, die nach Strafsteuern für Großbetriebe und nach „marktwidrigen Einmischungen der öffentlichen Gewalt" in wettbewerbsfördernde Differenzierungen der Verkaufspreise verlangen[4].

An solchen Zielen und an den besten Methoden zu ihrer Erreichung unter wechselnden Bedingungen der Lage des Binnenhandels und der Binnenhandelspolitik hat Adolf Lampe zeitlebens gearbeitet. Die beiden Darstellungen des Einzelhandels aus den Jahren 1930 und 1935 wurden unter dem Eindruck der in jenen Jahren beginnenden Wirtschaftslenkung verfaßt. Die Entfaltung der Rüstungs- und Kriegswirtschaft von 1935 bis 1940 hat ihn in einem „Gutachten zur Binnenhandelspolitik" beschäftigt, das er für den Reichsausschuß für wirtschaftlichen Vertrieb beim Reichskuratorium für Wirtschaftlichkeit erstattete. In dieser Phase der deutschen Wirtschaftsentwicklung wurde die Bereitschaft der Politiker zum Anhören wissenschaftlichen Rates durch zeitbedingte Verlegenheiten erhöht, die der Unternehmer durch staatliche Weisungen unzureichend ersetzt. Im Handel waren in jener Zeit aufgehobener Funktion des Preises und gehemmter Lieferung von Verbrauchsgütern die Leistungsbedingungen so verschoben, daß Lampe als Wirtschaftsarzt daraus nur erhöhten Antrieb für seine Warnungen vor staatlicher Intervention und seine Bemühungen um Vertiefung der Einsicht der Handelsunternehmer in ihre Funktionen entnahm.

Die Theorie des Handels hat Lampe lange Jahre hindurch in seinen Vorlesungen, in Aussprache mit Fachkollegen und — besonders anhaltend bemüht! — mit Praktikern des Handels und der Wirtschaftsverwaltung entwickelt. Auch der Verfasser dieses Vorwortes durfte

---

[4] s. Binnenhandel und Binnenhandelspolitik, a.a.O., S. 121, 138—42 u. 144.

vielfach daran teilnehmen[5]. Der Kern der Anschauung Lampes vom Wesen der Handelsfunktion ist von jenen Vorarbeiten bis in die hier vorliegenden Umrisse einer Theorie des Handels der gleiche geblieben. Er ergibt sich aus einer Bestimmung des Herganges, der die Bedürfnisbefriedigung im Rahmen einer Gesellschaftswirtschaft sichert, in der das Bedürfnis nach und die Herstellung von Gütern einander in isolierten Einzelwirtschaften gegenüberstehen, jede Befriedigung von Bedürfnissen also „nur noch erreicht werden kann, wenn ... es gelingt, solche Dinge zu produzieren und anzubieten, die von anderen gegenleistungsfähigen Einzelwirtschaften nachgefragt werden".

Damit wird „in der Gesellschaftswirtschaft ... die Unternehmertätigkeit zweipolig. Der produktionstechnische *Umformungs*wille steht neben dem marktorientierten *Ausrichtungs*willen". Mit dieser „theoretischen Ableitung einer Urfunktion des Handels" — eben der Ausrichtung von Produktion und Nachfrage aufeinander — will Lampe das aus der Literatur bekannte „Verfahren einer bloßen Aufzählung verschiedener Handelsfunktionen" überwinden. Diese würdigt er vielmehr teils als Mittel zur Erfüllung der ihm vorschwebenden *einen* (Ausrichtungs-) Aufgabe, teils als deren Folgen.

Über die Deutung der Handelsaufgabe hinaus wächst Lampes Arbeit zum Versuch einer Bestimmung der Unternehmeraufgabe in ihrem Gesamtumfange. Die darin eingeschlossene Aufgabe der „Ausrichtung" ist die Handelsfunktion; sie steht neben der „Umformungsaufgabe" als der Produzentenfunktion. Vollzogen wird diese Handelsfunktion sowohl von „reinen" Händlern als auch von Produzenten, bleibt also nicht auf solche Unternehmungen beschränkt, die in der herkömmlichen Begriffsbildung dem Berufe des „selbständigen" oder „gewerblichen" Handels zugerechnet werden. Ist aber die „Ausrichtungsfunktion" einmal aus einer Gesamtunternehmung ausgegliedert und einer eigenen Unternehmung übertragen, so bestimmt sie das Wesen der neu entstandenen Unternehmung als Handel.

Diese Bestimmung der Handelsleistung ist gegenüber allen anderen in der Literatur entwickelten Lehren von den Handelsfunktionen durchaus selbständig. Eine äußerliche Verwandtschaft mit dem Handelsbegriff von *Seyffert* kann darin gefunden werden, daß auch dieser Autor *eine* den Handel bestimmende Grundfunktion sieht, aus der sich seine verschiedenen Teilfunktionen ableiten lassen.

---

[5] Er hat über diese Gemeinschaft mit Adolf Lampe in seinem Buche „Lage und Leistungen des deutschen Handels in ihrer Bedeutung für die Gegenwart", Berlin 1949, auf den Seiten 200 ff. berichtet.

Diese Ähnlichkeit wird aber erheblich abgeschwächt durch Seyfferts im Gegensatz zu Lampes „Ausrichtung" mehr formale Bezeichnung der Handelsfunktion als „Umsatzleistung" („Handel ist Warenumsatz, Warenverkehr, Warenumschlag[6]"). Substanz und Leben erhält die Handelsleistung bei Seyffert erst durch ihre Aufgliederung in Überbrückungs-, Warenfunktionen und Funktionen des Makleramtes. In ihnen finden die von *Oberparleiter*[7] her bekannten Einzelaufgaben des Handels, die Überbrückung der Spannungen zwischen den Bedürfnissen der Produzenten, Rohstoff-Verarbeiter und Warenverbraucher nach Raum, Zeit, Menge, Qualität, Preislage, Sortierung und Spezialisierung sowie die „Kultur- und Rechtsfunktionen" *Lisowskys*[8] ihren Platz.

Übereinstimmung zwischen Lampe und Seyffert besteht dann wieder im Verhältnis von funktioneller zu institutioneller Begriffsbildung. Beide Autoren gehen von einer funktionellen Bestimmung der Handelsleistung aus — Seyffert bildet dementsprechend sogar die Begriffe Produzentenhandel und Konsumentenhandel. Und beide gelangen bei der näheren Kennzeichnung des Wesens der Handelsleistung zur Feststellung von Kern-Funktionen, die dann überwiegend doch nur von „reinen Handelsbetrieben" (Lampe) oder „Handlungen", d. h. „*nur* Handel treibenden Betrieben" (Seyffert) vollzogen werden.

Vom Institutionellen geht dagegen *Gutenberg*[9] aus. Seine grundlegende Deutung gilt dem Wesen der Handelsbetriebe. Es sind das „Betriebe, die Waren kaufen, um sie wieder zu verkaufen" ... „ohne aus ihnen neue Erzeugnisse herzustellen". Und dieses „*muß*" für eigene Rechnung und Gefahr geschehen! Gleichzeitig werden die Handelsbetriebe von Gutenberg als Dienstleistungsbetriebe gekennzeichnet. Ihre Dienste werden kasuistisch reich aufgegliedert. Unter den einzelnen Dienstleistungen des Handels im Sinne Gutenbergs seien die im Zusammenhang mit der Bestellung und Lagerhaltung stehenden besonders hervorgehoben. Großhandel und Einzelhandel formen viele kleine Aufträge ihrer Abnehmer in wenige große Aufträge an ihre Lieferanten um und ermöglichen damit dem Produzenten rentable

---

[6] Rudolf *Seyffert*, Wirtschaftslehre des Handels, 2. Auflage, Köln-Opladen 1955, S. 7.

[7] Karl *Oberparleiter*, Funktionen und Risiken des Warenhandels, 2. Auflage, Wien 1955.

[8] Arthur *Lisowsky*, Zur Theorie und Systematik der Handelsfunktionen, Berlin-Wien-Zürich 1937.

[9] Erich *Gutenberg*, Grundlagen der Betriebswirtschaftslehre, 2. Band, Berlin-Göttingen-Heidelberg 1955, S. 122 ff.

Liefergrößen, auf deren stetigen Ausgang er technische Spezialisierung und Sortimentsbildung aufbauen kann.

Die Beratung der Kunden wird von Gutenberg nur als Leistung des Einzelhandels für den Verbraucher gewürdigt. Von der organisierenden Tätigkeit des Großhandels beim Aufbau von Einzelhandels- und Handwerksbetrieben, bei der Beeinflussung von deren Werbungs-, Verkaufs- und Abrechnungsmethoden im Stile der freiwilligen Ketten ist bei ihm nirgends die Rede. Der Eindruck, daß der Handel in dieser sehr anregenden Darstellung Gutenbergs nur am Rande eines Gesamtbildes der absatzpolitischen Instrumente von Herstellern erscheint, ergibt sich aus der Anordnung der einzelnen Stücke seines betriebswirtschaftlich orientierten Begriffsapparates, nach der die Handelsdienste nur im Rahmen der „Absatzmethode" von Herstellern behandelt werden können! Auch von der Einwirkung des Handels auf die Leistungs- und Preiskonkurrenz wird nichts berichtet.

All dem gegenüber baut Lampe in scharfer Pointierung den Inhalt der Handelsfunktion als eine Ausrichtung der Produktion auf den Bedarf, des Bedarfes auf die Produktion auf. Seine Handelsleistung steht der technischen Umformung von Stoffen in einem natürlichen Spannungsverhältnis gegenüber. Beides zusammen stellt zwar die Gesamtleistung des Unternehmers dar, beeinträchtigt sich aber auch wechselweise in dem Grade optimaler Erfüllbarkeit — ein Zusammenhang, dem Lampe unter dem Stichwort „Spannungstheorie" ein selbständiges Kapitel seiner Theorie des Handels widmet.

Unstrittig ist, daß Einzelhandel und Großhandel die Produzenten über die Bedürfnisse der Verbraucher und gewerblichen Warenverwender unterrichten. Unstrittig ist auch, daß ihre Bestellungen über ein bloßes Unterrichten hinaus die Produktion nach Gattungen, Qualitäten und Preislagen auf diese Bedürfnisse hinlenken, sagen wir getrost „ausrichten". Ebenso unstrittig als eine Ausrichtung zu deuten ist die Unterrichtung, die Verbraucher und Verarbeiter durch den Handel über das Warenangebot der Produzenten erfahren. Wird mit diesem Unterrichten und Ausrichten aber die Leistung des Handels als *Funktion* vollständig gekennzeichnet, erschöpfen sich die Dienste des Handels schon darin?

Dieser Deutung steht entgegen, daß auch die Produzenten selber eine solche Ausrichtung ihrer Produktion auf die Nachfrage durch eigene Marktbeobachtung vorzunehmen suchen. Die meisten Produzenten, die in der Marktform vollständigen Wettbewerbes wirtschaften, leisten vom Einkaufen der Roh- und Hilfsstoffe über deren Verarbeiten bis zum Absatz der so gewonnenen Erzeugnisse *mehrere* Formen der Ausrichtung. Ihr Produzieren erfolgt in Ausrichtung auf den ihnen bekannten oder von ihnen vorgestellten Bedarf. Beim Einkauf der Stoffe suchen sie, je nach der Marktlage, die Leistung ihrer Lieferanten auf den eigenen Bedarf auszurichten oder richten ihre Nachfrage an den Angeboten der Lieferanten aus. Auch der Absatz der fertigen Ware vollzieht sich in gleicher Weise.

Von einer Funktion sollte man aber nur sprechen, soweit bestimmte Leistungen einem Organ der Wirtschaft eindeutig und ausschließlich zuzuordnen sind[10]! Sodann sollte die Leistung des Handels in ihrem entscheidenden Einfluß auf Produzenten von Rohstoffen, auf Verarbeiter und Verbraucher nicht auf die Phase der *Vorbereitung* von Produktion und Verbrauch beschränkt werden. Ihre wesentliche Einwirkung vollzieht sich in der Form des Einkaufens beim Produzenten und des Anbietens bei Verbraucher oder Verwender. Sie wird nur bei Kundenproduktion der technischen Leistung des Produzenten vorgeschaltet, sonst aber zwischen die technische Beendigung der Produktion und die konkrete Bedarfsäußerung des Abnehmers eingeschoben[11].

Auch dieser Vorgang, die Übernahme von Produkten aus der Industrie auf Läger des Handels oder auf Streckenlieferung an den Abnehmer, bedeutet eine Lenkung des Angebotes, und die Darbietung von Gütern im Einzelhandelsladen oder im Großhandelslager eine Lenkung der Nachfrage. Damit ist aber das Wesen der Handelsleistung nicht erschöpft. Kennzeichnender scheint uns, daß mit dem Sammeln von Waren verschiedener Gattungen aus verschiedenen Produktionsstätten, verschiedener Sorten und Qualitäten in großen Mengen der Handel dem Produzenten wie dem Verarbeiter und dem Verbraucher die Festhaltung der oft durchaus *verschiedenen* Grundzüge ihrer Marktpositionen ermöglicht: dem Hersteller die technische Spezialisierung, dem Verbraucher die Kombinierung der Güter seines Bedarfes.

Nicht nur Ausrichtung von Produktion und Verbrauch aufeinander, sondern mehr noch die Erhaltung der wesentlichen Eigenarten von Urproduktion, Verarbeitung und Verbrauch durch eigene Ausgleichsleistungen des Handels scheint uns die kennzeichnende Aufgabe dieser

---

[10] Joachim *Tiburtius*, Lage und Leistungen des deutschen Handels in ihrer Bedeutung für die Gegenwart, a.a.O., S. 67.

[11] An der gleichen Stelle trifft wohl die Deutung Erich *Schäfers* (Die Aufgabe der Absatzwirtschaft, Köln-Opladen 1950, S. 21 ff.) den Kern der Handelsleistung als die Umformung der Produktionsergebnisse aus technischen in Bedarfseinheiten.

Wirtschaftsstufe zu sein! Sie könnte man eine Funktion des Handels nennen. *Wirtschaftliche* Umformung von Gütern auf dem Wege zwischen Einkauf und Verkauf ist ihr Wesen, nicht Anleitung von Produzenten zu bedarfsgerechtem Produzieren und von Verarbeitern und Verbrauchern zu produktionsgerechtem Nachfragen. Diese Funktion doppelseitiger Erhaltung von Prinzipien der Produktion bei den Lieferanten und der Verwendung bei den Abnehmern vollzieht der Handel auch, wenn er auf eine Gattung von Gütern spezialisiert ist und innerhalb dieser Gattung seine Auslese nach Sorten und Qualitäten intensiviert.

Zwar finden sich Ansätze zu einer solchen „Erhaltungsfunktion" auch bei Produzenten. So kauft z. B. eine Weberei mit jeder Bestellung größere Mengen von Garnen ein, als in den von ihr hergestellten Tuchen für die einzelne Bestellung ihrer Abnehmer aus der Konfektion jeweils verarbeitet werden. Aus diesem Hergang ergeben sich auch für die Spinnerei günstigere Liefergrößen, die ihr eine wirtschaftlichere Ausnutzung ihrer Anlagen, also eine Erhaltung ihrer Produktionsweise ermöglichen. Diese Leistung wird aber der des Handels gegenüber dadurch eingeschränkt, daß der Weber nur im Rahmen seines durch technische Zurüstungen und die Verwendbarkeit seines Personals langfristig vorbestimmten Produktionsprogrammes disponieren kann. Der Garngroßhandel ist nicht im gleichen Maße wie der Fabrikant durch Anlagen und Kapitalbindung festgelegt; er kann für die Nachfrage vieler Webereien mit unterschiedlichen Anforderungen als Besteller bei einer Weberei auftreten.

Ausrichtung an dem Bedarf findet also in jeder einzelnen Anforderung des Handels wie der Produzenten statt. Über solche kurzfristigen Einwirkungen hinaus erhält aber der Handel ·der Spinnerei wie der Weberei und deren Abnehmern ihre Wesensmerkmale: nämlich Massenproduktion dem Produzenten der Vorstufe, individuelle Bedarfsdeckung dem Verarbeiter oder Verbraucher der Nachstufe. Dazwischen liegt die wirtschaftliche Umformung eingekaufter in verkaufte Mengen durch den Handel. Die nachhaltige *strukturelle* Wirkung dieser Erhaltungsfunktion unterscheidet den Handel wesenhafter von der Produktion als die verschiedenen beiderseitigen Beiträge zur wechselseitigen Ausrichtung von Produktion und Verbrauch!

Die wichtigste Leistung des Handels ist die Entfaltung von Konkurrenz zwischen den Produzenten, die er zugunsten der Verbraucher vollbringt. Gerade auf diese Marktleistung hat Lampe hingewiesen. Für ihr Verständnis hat er gearbeitet, gegen jede Abschwächung dieser Leistung hat er die schärfsten Warnungen ausgesprochen. — Seine große Leistung soll hier durch kritische Bemerkungen keineswegs verdunkelt, es soll nur zu fruchtbarem Nachdenken über sie angeregt werden. Eine solche Beschäftigung mit seinem Werke hat niemand leidenschaftlicher begehrt und schmerzlicher vermißt als Adolf Lampe selbst. Dem Lebendighalten seines Werkes und seiner geistigen und sittlichen Kräfte in Wissenschaft und Praxis möchte die posthume Herausgabe dieser Arbeit dienen. Nicht zuletzt aus diesem Grunde wurde sie auch bei Wiederaufnahme der Schriftenreihe der Forschungsstelle für den Handel[12] an deren Anfang gestellt. Keine der ihr folgenden Veröffentlichungen wird die „Umrisse einer Theorie des Handels", ihren Denkansatz und ihre Ausblicke übergehen können.

---

[12] Die Forschungsstelle für den Handel e. V. Berlin hat die bei der Herausgabe dieser Arbeit verwendeten, von Adolf Lampe nachgelassenen Manuskripte in Verwahrung genommen. Diese Manuskripte können — wie auch der Text des für den „Reichsausschuß für wirtschaftlichen Vertrieb beim RKW" erstellten „Gutachtens zur Binnenhandelspolitik" — auf Wunsch bei ihr eingesehen werden.

Umrisse einer Theorie des Handels

Einleitung: Die Notwendigkeit einer systematischen ökonomischen Wertung von Handelsleistungen

Die Stellung des Handels ist von jeher umstritten. Immer wieder wird seine Produktivität angezweifelt; der Streit darum reicht bis in die Anfänge wirtschaftswissenschaftlichen Denkens zurück.

Der Handel formt ja nicht um, scheint dem äußeren Eindrucke nach keine neuen Werte zu schaffen und gerät so in den Verdacht, Parasit in der Wirtschaft zu sein. Alle besseren Erkenntnisse der Theorie, wie z. B. die Leistung von Jean Baptiste *Say*, der die produktiven Dienste des Handels sehr anschaulich dargestellt hat, sind ohne nachhaltige Wirkung geblieben. Der Produktivitätsstreit ist im wesentlichen unproduktiv verlaufen.

Die Verantwortung dafür trifft zu einem nicht geringen Teil die eigentlichen Begründer der sozialökonomischen Theorie, die Physiokraten. Sie haben der Wirtschaftswissenschaft einerseits die für den Aufbau einer systematischen Lehre entscheidenden Grundgedanken — den Kreislaufgedanken und den Gedanken der Eigengesetzlichkeit des Wirtschaftslebens — auf den Weg gegeben; aber sie haben der Forschung zugleich mit ihrer technisch-materialistischen Deutung des Produktivitätssachverhalts eine falsche Richtung gewiesen.

Die so viel Verwirrung stiftende Arbeitswertlehre stellt sich nur als die Übertragung des physiokratischen Irrtums auf eine andere Denkebene dar, und die bis in die Gegenwart reichende Verkennung des „nicht selbst Werte schaffenden“ Handels kann ebenfalls als eine Konsequenz jenes materialistischen Wertdenkens gedeutet werden, das sich allen Ansätzen zu besserer Einsicht zum Trotz (beispielsweise bei *Condillac)* zum mindesten in der Vulgärökonomie und im Wirtschaftsdenken von Laien behauptet hat.

Gerade im Laufe der letzten Jahrzehnte ist die Kampfstellung weiter Kreise der Wirtschaft gegenüber dem Handel neuerdings verschärft worden. Dabei haben die verschiedensten Umstände dieser Verkennung der Handelsleistung Vorschub geleistet.

Entartungserscheinungen im Handel selbst, wie der Ketten- und Schleichhandel während Inflationszeiten, sind nicht dem Währungsmißbrauch als der eigentlichen Ursache, sondern „dem Handel als solchem" zur Last gelegt worden. Die relativ steigenden Handelskosten wurden nicht als selbstverständliche Folge eines Rationalisierungsvorganges angesehen, der in der Produktion zwar schnell fortschreiten konnte, dem einer maschinellen Betriebsführung seinem Wesen nach verschlossenen Handel aber nicht im gleichen Maße möglich war, die absolut steigenden Handelskosten nicht als die zwangsläufige Auswirkung tiefgreifender Veränderungen in der Marktstruktur, sondern als Zeichen für ein „Versagen des Handels" verstanden.

Gerade auch die in neuerer Zeit von zwangswirtschaftlichen Organisationen unternommenen Versuche, selbständiges Händlertum in die Rolle abhängiger Verteiler herabzudrücken, sind wesentlich mitbestimmt von der Vorstellung einer nur bedingten Produktivität des Handels. Weiterhin ist man auch der Meinung, daß die Aufgaben der Warenzuführung an den Verbraucher zusehends leichter würden. Normalisierung, Typisierung und Standardisierung werden als Mittel einer solchen Marktvereinfachung angesehen, durch die man den eigentlichen selbständigen Handel überflüssig machen zu können glaubt.

Nicht zum wenigsten sind die bisherigen Diskussionen über diese Frage deshalb unergiebig geblieben, weil die auf beiden Seiten Kämpfenden „Partei" im engeren Sinne des Wortes waren und mit vorgefaßten Meinungen an die Beurteilung des Handels bzw. des Händlertums herantraten. Die moderne Wirtschaftswissenschaft hat sich wohl ausnahmslos von derartigen Mißdeutungen freigemacht, aber doch versäumt, eine „positive" Handelstheorie zu entwickeln, und sich im wesentlichen mit einer Umschreibung wichtigster Handelsfunktionen begnügt. Auf diesem Wege ist aber eine systematische ökonomische Wertung von Handelsleistungen niemals zu erreichen.

Erst wenn es gelungen ist, *das* wirtschaftliche Wesen *der* Handelstätigkeit schlechthin — weit über bloße Begriffsbestimmungen hinausreichend — als Glied des Wirtschaftsprozesses zu verstehen, werden streng sachlich begründete Aussagen sozialökonomischen Inhalts über Eigenart und Leistung der Handelstätigkeit möglich sein. Und erst dann wird eine gesamtheitlich ausgerichtete Binnenhandelspolitik den weithin marktbedingten Kampf widerstreitender Interessen durch geeignete Ordnungsmaßnahmen eindämmen oder gar schlichten können.

Es muß möglich sein, Aussagen über die Funktion des Handels zu machen, die für alle Zeiten und alle Länder auswertbar sind, die also

Allgemeingültiges über den Handel feststellen und gleichzeitig auch erlauben, gerade die außerordentliche Mannigfaltigkeit der Erscheinungen im Handel als Ausstrahlung oder Folge einheitlich wirkender, aber eben unterschiedlich kombinierter Kräfte zu deuten.

Die auf allgemeinste Wirklichkeitsbetrachtung gestützte Beschreibung des Handels als „interpersonaler Güterverkehr" bietet für solche gedankliche Vorarbeit nicht mehr als einen ersten Fingerzeig. Der Versuch, einen Generalnenner für alle erdenklichen Handelsgestaltungen zu finden, der eben darum erst vergleichende, rein ökonomische Wertungen erlaubt, muß zunächst absehen von der unmittelbaren Beobachtung aller speziellen Gestaltungsformen, in denen der Handel in wahrhaft verwirrend buntem Bilde in die Erscheinung tritt.

Die Untersuchung muß genetischer Natur sein, d. h. sie muß gedanklich bis auf die ersten Anfänge der Entstehung von Handel überhaupt zurückgreifen, um in Auswertung allgemeinster gesicherter Wirtschaftserfahrung zur Erfassung *einer* zentralen Handelsaufgabe durchzudringen.

Genetische Deutung der Handelsaufgabe
(Funktionstheorie)

A. Die Doppelpoligkeit der Unternehmerfunktion

Jeder Wirtschaftsprozeß erwächst aus einem Zusammenspiel der vier Produktionselemente: Naturhilfe, Arbeit, Geldkapitalbereitstellung und Unternehmertätigkeit. Er hat die Bereitstellung von Bedürfnisbefriedigungsmitteln zum letzten Ziel. Die Knappheit der verfügbaren Produktivkräfte, die das Interesse an bestmöglicher Bedürfnisbefriedigung erzwingen, strebt nach „wirtschaftlichem Wirtschaften", das heißt nach einem optimalen Verhältnis zwischen Leistungsaufwand und Nutzertrag.

In einer autarken, isolierten Einzelwirtschaft ist das Ziel des Kräfteeinsatzes im vorhinein bestimmt, und zwar aus dem gleichen Willen heraus, der die Lenkung und Auswertung der Produktivkräfte verfügt. Der autarke Einzelwirtschafter bestimmt aus einheitlichem Willensakt heraus den Einsatz der ihm — etwa innerhalb einer Familien- oder Sippenwirtschaft — zur Verfügung stehenden Kräfte. Ein und derselbe Wille wägt einerseits die sozusagen natürlich-technisch bestimmten Möglichkeiten des Leistungsaufwandes, andererseits die mit diesem erzielbaren und den gleichen Menschen dienenden Bedürfnisbefriedigungen gegeneinander ab.

Der Opfereinschätzung steht die Wertung ihres definitiven Nutzens unmittelbar gegenüber. Solange die „Einhirnigkeit" des Wirtschaftsprozesses *(Mahlberg)* in diesem Sinne voll gewährleistet ist, kann ein Fehlschlag nur durch von Natur aus außerökonomische Tatsachen — Natureinflüsse, produktionstechnische Mißgriffe, physisches Versagen einzelner ausführender Organe — hervorgerufen werden.

Schon in dieser Urform des Wirtschaftens wird die Doppelaufgabe in der Lenkung des Produktionsprozesses deutlich sichtbar. Der eine Kombination von Naturstoffen und -kräften zur Bereitstellung von Bedürfnisbefriedigungsmitteln unternehmende Mensch — so gesehen ist also auch die Unternehmerfunktion schon in nuce innerhalb der autarken Einzelwirtschaft anzutreffen! — muß zwei gesondert für sich bestehende Wertungsprozesse aufeinander abstimmen:

Seine eigenen Anlagen, beziehungsweise auch die der ihm unterstellten sonstigen Wirtschaftsglieder, weisen jeweils in bestimmte Richtungen. Die so mehr oder minder zahlreich zur Auswahl stehenden Leistungsmöglichkeiten sind mit ungleich großen Opferempfindungen verbunden. Würden die Bedürfnisbefriedigungsmittel, die mit einem bestimmten, maximal gewollten Kraftaufwand erreichbar sind, *einheitlich* bewertet, dann würde die Entscheidung eindeutig zugunsten des vergleichsweise geringste Unlustgefühle erzeugenden Produktionsprozesses ausfallen.

Tatsächlich aber werden die Leistungsergebnisse ihrerseits *ungleich* gewertet. Das Ergebnis der „an sich" relativ meist geschätzten Arbeit erbringt vielleicht Resultate mit unverhältnismäßig geringer Nutzwirkung, während umgekehrt als besonders belastend empfundene Arbeiten sehr wichtig erscheinende Bedürfnisbefriedigungen erlauben.

Die Abwägung dieser beiden Wertreihen macht den wesentlichen Inhalt zwar nicht — wie zu Unrecht behauptet worden ist — des Wirtschaftens, wohl aber des rationalen Denkens im Wirtschaftsprozesse aus. *Der Wirtschafter muß das in jedem Einzelfall entstehende Dilemma wohl oder übel durch eine Kompromißentscheidung lösen,* die den höchsten subjektiven Netto-Nutzen, die größte Differenz zwischen Leistungsunlust-Opfer und aus ihm resultierenden Genußnutzen erstrebt. Die technisch-ökonomischen Interessen der eigentlichen Naturumformung und die Gebrauchswertinteressen sind je eigenen Bedingungen unterworfen und werden nur ausnahmsweise übereinstimmen, der Regel nach also miteinander in Konflikt geraten!

Ein völlig neues Problem tritt im gleichen Augenblick in Erscheinung, in dem man den Wirtschaftsprozeß im Rahmen einer Gesellschaftswirtschaft aus einer Mehrheit spezialisierter, wechselseitig aufeinander angewiesener Einzelwirtschaften denkt:

Das Ziel der Bedürfnisbefriedigung kann dann in jeder der beteiligten Einzelwirtschaften nur noch erreicht werden, wenn es ihnen gelingt, solche Dinge zu produzieren und anzubieten, die von anderen, gegenleistungsfähigen und gegenleistungswilligen Einzelwirtschaften nachgefragt werden. Das Vorhaben der eigenen Bedürfnisbefriedigung ist nun nicht mehr — wie in der autarken Einzelwirtschaft — nur von *einem* lenkenden Willen abhängig, sondern auch davon, ob der Wille anderer Einzelwirtschaften erfüllt wird.

In der vollentfalteten Gesellschaftswirtschaft ist jeder Bereitstellungsprozeß ex definitione auf Befriedigung fremden Bedarfs ausgerichtet. Die „Einhirnigkeit" ist gesprengt, Gesellschaftswirtschaft ist „mehrhirnige" Wirtschaft.

Es findet mithin eine Zweiteilung der eigentlichen Gesamtunternehmertätigkeit statt: In der autarken Einzelwirtschaft erschöpft sie sich in der richtigen technisch-ökonomischen Kombination der Kräfte, die auf ein vorabgestelltes, selbst gewähltes Ziel zusteuern; in der Gesellschaftswirtschaft hingegen wird die Unternehmertätigkeit zweipolig, der produktionstechnische *Umformungswille* steht neben dem marktorientierten *Ausrichtungswillen*. Zwischen diesen beiden Polen der Unternehmertätigkeit können nunmehr Spannungen entstehen.

Jeder Versuch, diese Grundtatsache aus der Welt zu schaffen, führt irgendwie auf die Einzelwirtschaft zurück. Das gilt für die „Auftragsproduktion", das heißt für die Ausrichtung des Bereitstellungsprozesses auf den noch vor dessen Einleitung bekanntgewordenen und gebundenen Nachfragewillen, ebenso aber auch für die sogenannte „totale Zentralverwaltungswirtschaft", die allerdings praktisch undurchführbar bleibt, weil sich der Nachfragewille nicht persönlich aneinander gebundener Subjekte niemals von einer Zentrale her im voraus festlegen läßt. — Totale Zentralverwaltungswirtschaft ist nur in Verbindung mit Konsumzwang vorstellbar. Wirtschaft aber, die nicht der Befriedigung wirklich empfundener Bedürfnisse dient, ist ein Widerspruch in sich selbst, also Unwirtschaft!

Die außerordentlichen Vorteile der gesellschaftswirtschaftlichen Arbeitsteilung *müssen* mit dem Opfer der Unbestimmtheit des Nachfragewillens erkauft werden. Die Produktion *muß* auf den einschätzbaren Nachfragewillen adäquat gegenleistungsfähiger und -bereiter fremder Einzelwirtschaften ausgerichtet werden.

Die schon in der autarken Einzelwirtschaft erkennbare Doppelpoligkeit der Unternehmerfunktion, also die Lenkung des Kräfteeinsatzes in Richtung auf das Endziel Bedürfnisbefriedigung, wird damit in der Gesellschaftswirtschaft vollends problematisch. Der autarke Wirtschafter hat zwei eigene, also bekannte Interessenreihen *vorgängig* gegeneinander abzuwägen. Der in die Gesellschaftswirtschaft eingereihte Anbieter kennt unmittelbar und zuverlässig nur das eigene, durch Anlage, Wissen und Können sowie Verfügung über Produktionsmittel beeinflußte *Hersteller*interesse. Ihm steht ein nur unvollständig bekanntes fremdes *Nachfrage*interesse gegenüber, das dessenungeachtet sorgfältig berücksichtigt werden muß, weil seine Erfüllung Voraussetzung für den Empfang entsprechender Gegenleistungen ist. Erst dadurch wird der Endzweck der eben nicht mehr eigenen Bedürfnissen dienenden Produktion, die Erhaltung und Entfaltung der in ihr verbrauchten Kräfte und insoweit auch die Sicherung der persönlichen Existenz erreicht.

Letzten Endes muß also das auf den ersten Blick ferner stehende und überdies erst post festum, nämlich am Austauscherfolg zu messende fremde Interesse geradezu den Vorrang haben. Es ist nicht mehr als selbstverständlich, daß die Abstimmung der beiden Wertreihen innerhalb der autarken Einzelwirtschaft um vieles leichter zu vollziehen ist als innerhalb der Gesellschaftswirtschaft.

Die Aufspaltung dieser Wertreihen führt naturnotwendig zu Schwerpunktverlagerungen derart, daß jeweils eigene Interessen überbetont werden:

Der Anbieter wird immer den nächstliegenden, mit einmal gegebenen Anlagen möglichen Produktionen den Vorzug geben und einen abweichenden Nachfragewillen förmlich als Störungsfaktor empfinden; umgekehrt wird das gleiche Subjekt in seiner Eigenschaft als Nachfragender etwa Fertiggütermaterial- oder Maschinenlieferanten gegenüber nur prüfen, ob das Angebotene den eigenen persönlichen Bedürfnissen oder den eigenen betriebstechnischen Notwendigkeiten gerecht wird — ohne sich auch nur im geringsten darum zu kümmern, ob sein Verhalten dazu beiträgt, den Anbietern mittelbar eine Umgestaltung ihres Produktionsprozesses aufzuzwingen.

An dieser Gegenüberstellung wird die in der Gesellschaftswirtschaft entstehende Kluft zwischen den beiden, je eigener Gesetzlichkeit unterworfenen Welten des Angebotes und der Nachfrage sichtbar.

Das Angebot ist primär natürlich-technischen Einflüssen unterworfen. Die Verteilung der Rohstoffe wie der Naturkräfte und Menschen im Raum beeinflußt oft ausschlaggebend die Wahl des Produktionsstandortes, und technische Ideen gestalten die Verfahren der Naturumformung. Natürliche Umweltbedingungen stehen fördernd zur Seite und hindernd im Wege.

Die einmal geschaffene Produktionsanlage bietet dann nur mehr beschränkte Auswertungsmöglichkeiten; jenseits gewisser Grenzen der Umstellbarkeit ist sie bei Wandlungen der Nachfrage mit Entwertung bedroht. Aus teuer erworbenen Maschinen wird, ohne Rücksicht auf bislang erfolgte Abschreibungen, ein verschrottungsreifer Haufen Eisen.

Die Welt der Nachfrage untersteht einer völlig andersartigen Eigengesetzlichkeit, die in keinem wie immer gearteten gleichrichtenden Zusammenhang mit den das Angebot beherrschenden Kräften steht. Die Gesamtnachfrage*menge* ist bei gegebenen Preisen in der Geldwirtschaft durch die Menge des als potentieller Nachfrageträger zu kennzeichnenden, wirksam werdenden Geldes bestimmt. Problematisch ist weiter ihre räumliche und richtungsmäßige Verteilung.

Umgestaltungen der Produktionsbedingungen rufen nachhaltige Umschichtungen der Wirtschaftsstruktur, also auch der Verteilung der Menschen im Raum und damit wiederum der *räumlichen* Nachfrageverteilung hervor — insbesondere soweit es sich um den „an Ort und Stelle" zu befriedigenden kaufkräftigen Bedarf handelt. Ähnliche Folgen hat die Entwicklung des Verkehrswesens und die durch sie etwa ermöglichte weitere Trennung von Wohn- und Arbeitsorten (City-Bildung in Großstädten).

Die Nachfrage*richtung* ist — immer bei gegeben gedachten Preisen — eine abhängige Variable der Einkommensschichtung sowie persönlicher Geschmacksmomente. Der Aufbau der Einkommenspyramide ist dabei innerhalb einer jeden Gesellschaftswirtschaft dauernden Verschiebungen unterworfen, die ihrerseits auf die verschiedensten Faktoren zurückzuführen sind, nicht zuletzt auf Einflüsse der Währungspolitik. Aber auch bei stabilen Einkommensverhältnissen und Preisen bleibt die Nachfragerichtung unbestimmt, weil natürliche Umstände, wie etwa Witterungsbedingungen, die Lebenslage der Menschen und damit ihre Bedürfnisskala in oft einschneidender Weise verändern.

Der Sparwille der Bevölkerung ist — bei gleichbleibenden Sparmöglichkeiten — ebenfalls eine keineswegs eindeutig gegebene Größe. Eine Erhöhung des Spargrades bringt einerseits Verzicht auf nicht lebensnotwendigen Verbrauch mit sich und führt andererseits — bei kontinuierlicher Wirtschaftsentwicklung — zur Entstehung neuer Arbeitseinkommen und aus ihr resultierender Nachfrage nach Gütern weniger differenzierten Massenbedarfs.

Alle Warenangebote stehen in Konkurrenz um die jeweils insgesamt vorhandene und wirksame Kaufkraft. Das bloße Kennenlernen eines schon längst zu Markt kommenden, aber bisher nicht beachteten Erzeugnisses durch irgendwelche nun neu interessierte Verbraucher berührt nicht nur die jetzt begünstigten Anbieter, sondern auch alle übrigen Wirtschaftsglieder: zunächst die Lieferanten der bisher begehrten, jetzt aber bei anderweitiger Gelddisposition nur noch vermindert absetzbaren Güter, dann aber auch deren Arbeiter und Vorlieferanten.

Wird weiter bedacht, daß die Preise der Erzeugnisse eben nicht — wie bisher unterstellt wurde — gleich bleiben, sondern aus den verschiedensten Gründen steigen oder sinken, so ist der Umfang der Spannungen zwischen Angebots- und Nachfragewelt wohl vollends klargestellt. Die Nachfrage im ganzen wie in ihren Teilen ist einer einzigen Gleichung mit unübersehbar vielen Unbekannten zu vergleichen. Hier wie dort kann von exakten Ausrechnungen nicht die Rede sein!

Am Markt sind Rätsel aufgegeben, die eben nur durch ein glückhaftes, aber doch auch irgendwie verständiges, in richtiger Richtung suchendes Raten annäherungsweise gelöst werden können — und die in noch ständig zunehmendem Maße gelöst werden *müssen*, wenn der Fortbestand gesellschaftswirtschaftlicher Produktion überhaupt gesichert erscheinen soll. Privatwirtschaftliche Verluste im Gefolge nicht erreichter Kostendeckung sind innerhalb der Marktwirtschaft nur ein Symptom dafür, daß die volle Regeneration der im Bereitstellungsprozeß verbrauchten Kräfte nicht erreicht ist. In jedem Falle ist eine entsprechende Wirtschaftsschrumpfung oder das Hinfälligwerden sonst gebotener Erweiterungsmöglichkeiten die unabwendbare Folge, die allerdings nicht unmittelbar an der primären Schadenstelle zu entstehen braucht.

Abschließend kann gesagt werden, daß die Doppelpoligkeit der Unternehmerfunktion im unterschiedlichen Wesen von Angebot und Nachfrage schlechthin begründet ist. Die „Atome" des „Moleküls" Unternehmerfunktion, nämlich die vornehmlich angebotsgebundene „Umformerfunktion" und die ganz überwiegend nachfragegebundene „Ausrichtungsfunktion", stehen in einem *natürlichen* Spannungsverhältnis zueinander, das durch keine wie immer geartete Ordnung des Wirtschaftsprozesses aus der Welt zu schaffen ist.

B. Die Urfunktion des Handels

Die Ausrichtung des Angebots auf die Nachfrage macht nun ganz offenkundig den wesentlichen Inhalt dessen aus, was im allgemeinen Sprachgebrauch unter Handelstätigkeit verstanden wird. Diese Ausrichtung des Kräfteeinsatzes auf fremden Nachfragewillen, die in der

Gesellschaftswirtschaft notwendig wird, stellt die ureigentliche Aufgabe des Handels dar. Handel wird also mit der Gesellschaftswirtschaft geboren.

Seine wesentliche Aufgabe ist zu bestimmen als die Gleichrichtung von Angebot und Nachfrage ohne Rücksicht darauf, ob diese nun von einer einzelnen Person erfüllt wird oder von mehreren selbständig nebeneinander stehenden Einzelwirtschaften. Die genetische Betrachtung hat zu ihrer Umschreibung, losgelöst von allen konkreten Verkörperungsformen, verholfen und so an den gesuchten „Generalnenner" herangeführt, dessen Auffindung als erste grundlegende Aufgabe einer reinen, das heißt für alle Zeiten, Länder, Völker und Wirtschaftsordnungen gültigen Theorie des Handels anzusehen ist.

Die Besorgnis, daß eine so weitgehende Abstraktion der historisch geprägten Wirklichkeit Gewalt antun müsse, ist in jeder Hinsicht abwegig. Es ist doch eine ebenfalls historische Tatsache, daß die Geschichtsforschung für alle Zeitperioden, Länder, Völker und Wirtschaftsverfassungen von Handelstätigkeit oder ganz allgemein von „Handel" spricht. Schon daraus folgt ohne weiteres, daß allen erdenklichen Handelsformen, von der Kamelkarawane bis zum modernen Versandgeschäft, vom Bauchladen bis zum Warenhauskonzern, etwas gemeinsam sein muß, das die Anwendung des gleichen Wortes oder Wortbestandteiles „Handel" rechtfertigt.

Die begriffliche Bestimmung des Handels als „interpersonaler Güterverkehr" ist in diesem Sinne genauso abstrakt wie die hier versuchte inhaltliche Bestimmung als „Ausrichtungsfunktion". Diese hat darüber hinaus den Vorzug, den gemeinten Sachverhalt nicht nur durch eine Wortformel auszudrücken, sondern gleichzeitig auch in den Gesamtprozeß des Wirtschaftens überhaupt wirtschaftslogisch einzuordnen.

Dem bekannten Verfahren einer bloßen Aufzählung einzelner Handelsfunktionen dürfte die hier vollzogene theoretische *Ableitung einer Urfunktion* des Handels in mehr als einer Hinsicht überlegen sein. Die üblicherweise genannten Einzelfunktionen stellen sich ja bei näherem Zusehen nicht eigentlich als selbständige Aufgaben, sondern teils als Mittel zur Erfüllung der Ausrichtungsaufgabe (so die Sammlungs-, Lagerhaltungs-, Assortierungs- und Verteilungsfunktion), teils als Folgen der Aufgabenerfüllung (Risikofunktionen) dar.

Davon abgesehen wird auf diese Weise eine Verlegenheit vermieden, die sich bei Aufzählung mehrerer vermeintlicher Handelsfunktionen insofern ergibt, als nun von vornherein Zweifel auftauchen können, ob nicht etwa nur diejenigen „vollgültige Händler" sind, die alle die aufgezählten Funktionen erfüllen, während jeder andere als „Händler minderen Ranges" gekennzeichnet werden muß. — Die so aus einem unzulänglichen Ansatz aufkommenden Schwierigkeiten ähneln denjenigen, mit denen die metallistische Bestimmung des Geldbegriffes zu kämpfen hat, die gegebenenfalls anerkennen muß, daß es durchaus funktionierende Währungssysteme gibt, die ausschließlich mit „Geldsurrogaten" arbeiten.

Weiter erfährt auch die Frage nach der Produktivität des Handels jetzt eine eindeutige Klärung. Eine richtige Wertung der hier analysierten Zusammenhänge zwingt nämlich zu der Erkenntnis, daß die Produktivität der „Produktion im engeren Sinne des Wortes" gar nicht losgelöst von der des Handels gesehen werden kann. Die bloße Umformung irgendwelcher Naturstoffe zu technisch andersgearteten Gegenständen stellt überhaupt noch keinen abgeschlossenen Wirtschaftsprozeß dar. Abgeschlossen ist der Wirtschaftsprozeß erst, wenn sein Ziel, die Bedürfnisbefriedigung, erreicht ist. Mithin muß in jeder erdenklichen Lage — unter den einfachsten wie unter den kompliziertesten Gesellschaftsverhältnissen — Handelsleistung vollbracht werden. Offen ist überhaupt nur die Frage, in welcher Form das geschehen soll, ob beide Aufgaben *innerhalb* einer wirtschaftlichen Unternehmungseinheit durchgeführt werden können, ob ihre Verteilung auf mehrere Einzelwirtschaften erwünscht oder geradezu notwendig ist.

Die Wertschaffung des Handels findet mithin Ausdruck in der Differenz zwischen den Preisen, die der Warenverwender zahlt, und den Kosten, die für ihre eigentliche Herstellung aufgewandt werden müssen. Eine Preisüberhöhung durch Handelsleistung kann höchstens in der Weise gegeben sein, daß die Aufgabe der Gleichrichtung von Angebot und Nachfrage durch irgendwelche Handelsformen mit nur mangelhafter Wirtschaftlichkeit erfolgt. Eine willkürliche Überhöhung dieser Kosten durch monopolähnliches Verhalten des Handels kann schon deshalb nicht in Frage kommen, weil neben der Konkurrenz vieler Handelsbetriebe gleicher Art innerhalb jeder Handelsstufe noch die verschiedensten Handelsformen miteinander in Wettbewerb stehen und überdies für jeden selbständigen Handelsbetrieb jederzeit die Gefahr gegeben ist, durch die vorhergehende Produktions- oder Handelsstufe oder durch seine Abnehmer in Zukunft übersprungen zu werden.

Bei Würdigung des wirklichen Wirtschaftslebens muß nun allerdings sorgfältig zwischen isoliert umschriebener Funktion und deren Erfüllung durch bestimmte, vom Sprachgebrauch möglicherweise nach ihrer hauptsächlichsten Leistungsrichtung benannte Wirtschaftspersonen unterschieden werden. Wo das nicht geschieht, wird sehr bald eine bedenkliche Begriffsverwirrung eintreten.

Das gilt nun auch für die häufig begegnende unmittelbare Verkopplung der Begriffe „Handel" und „Händler". Sie verleitet dazu, daß die Handelstätigkeit der nach dem Sprachgebrauch *nicht* als Händler geltenden Wirtschafter auch als eine nicht zum Handel gehörige Erscheinung aufgefaßt wird. Unsere auf die Unterscheidung der Teilfunktionen „Umformungs-" und „Ausrichtungsdienst" hinführende Analyse der Gesamtunternehmerfunktion weist demgegenüber auf die unbestreitbare Tatsache hin, daß *jeder* Unternehmer *beide* Aufgaben zu erfüllen hat.

Auch der seiner *Haupt*leistung nach „Produzent" genannte Unternehmer muß eine Ausrichtung seines Angebotes vornehmen — bei ausschließlichem Verkauf an selbständige Großhändler z. B. auf ein zwischen ihn und die Verwender seiner Erzeugnisse eingeschaltetes Zwischenglied. Er hat dann nur die bestmögliche Händlerkundschaft auszusuchen; die Ausrichtungsaufgabe insgesamt wird damit stufenmäßig aufgeteilt und so für den Produzenten mehr oder minder weitgehend vereinfacht. In irgendeinem Grade erhalten bleibt sie ihm aber immer und verschwindet erst mit dem Fortfall des für die gesellschaftliche Güterbereitstellung spezifischen Merkmales der selbständigen gewerblichen Produktion für fremden Bedarf (so etwa im Falle der Auftragsproduktion, die den Anbieter — wenn auch nur für vereinzelte Geschäftstransaktionen — zum Glied einer anderen Einzelwirtschaft werden läßt).

Entsprechendes gilt sinngemäß für die „Händler" genannten Unternehmer, die den Schwerpunkt ihrer Tätigkeit in der Ausrichtungsfunktion finden. Auch sie müssen Umformungsleistungen vollbringen— allerdings mit der Einschränkung, daß diese den bescheidenen Rang eines bloßen Hilfsmittels zur Erfüllung ihrer Ausrichtungsdienste innehaben, wie umgekehrt die Ausrichtung für den Produzenten nur Mittel zum Zweck der Ermöglichung einer abermaligen Durchführung von Produktionsdiensten ist.

Wenn hier künftig von Produzenten oder von Händlern die Rede ist, werden Unternehmer bestimmter Prägung gemeint, die Umformungs- und Ausrichtungsfunktionen in ungleichem, durch die eine oder andere Bezeichnung ausgedrücktem Mischungsverhältnis erfüllen.

Das Wort „Handel" kann demgemäß auch nicht, wie es vielfach geschieht, für den „selbständigen" oder gar für den „selbständigen gewerblichen Handel" reserviert werden, ohne daß sich ganz willkürliche Unterscheidungen ergäben. Die Selbständigkeit der Träger von Handelsleistungen ist zwar ein Faktor von größter Bedeutung, läßt sich aber nicht messen. Die Motive, aus denen heraus gewirtschaftet wird, bleiben für die grundlegenden, rein theoretischen Untersuchungen ohne Bedeutung.

Wo die idealtypische Leistung gemeint wird, muß das also gesondert festgestellt werden, z. B. durch den Zusatz „reine" Produzententätigkeit oder die Worte „Produktionsfunktion", „Nurproduzent", „Träger der Umformungsfunktion".

Produzenten und Händler sind danach Unternehmer mit sozusagen einseitig entwickelten Spannungspolen. Beim Produzenten ist der „Ausrichtungspol" mehr oder weniger verkümmert, beim Händler der „Umformungspol". Die bei der Erfüllung der Gesamtunternehmeraufgabe durch ein und dieselbe Person (Gemüseverkauf des Bauern an letzte Verbraucher, Zigarrenversand ab Fabrik) von dieser *in sich selbst* auszugleichende Polspannung muß bei jeder Aufspaltung der Gesamtunternehmeraufgabe *zwischen zwei Personen* überbrückt werden. Man kann daher in Parallele zu der bekannten „Produktionsteilung" auch von einer „vertikalen Funktionsteilung" sprechen.

Die Aufspaltung der Gesamtunternehmerfunktion schafft einerseits Voraussetzungen für mancherlei Leistungssteigerung, andererseits aber engt sie, wie jede Arbeitsteilung, das Blickfeld des Wirtschafters ein. Damit werden Einseitigkeiten gezüchtet, die im gegebenen Falle die Spannung zwischen den personell getrennten Polen der Unternehmerfunktion nur verschärfen:

Das „Nurproduzenten"-Denken, das „Umformungs"-Denken, ist technisch-ökonomisch bestimmt. Das Ziel, wirtschaftlich zu wirtschaften, wird von ihm auf dem Wege *innerbetrieblicher* Rationalisierung erstrebt. Der Wunschtraum des „reinen" Produzenten mag in der kontinuierlichen optimalen Nutzung gegebener Anlagen und Kräfte bei stabilen Außenbeziehungen gesehen werden.

Das spezifische Handelsdenken, „Ausrichtungs"-Denken, dagegen ist überwiegend außerbetrieblich gebunden. Wirtschaftserfolg wird in erster Linie durch optimale Kombination der gesuchten „richtigen" Angebote und der jeweils „gegenleistungswilligsten" Nachfrage errungen. Die „Nurhändler" denken primär marktlich. Idealtypisch gedachte Träger von Ausrichtungsfunktion sind ihrem Wesen nach „Funktionär der Nachfrage".

Die Spannungen zwischen Produktions- und ihnen gegenüberstehenden Handelsunternehmen sind nichts anderes als eine Erscheinungsform der schon analysierten Spannungen zwischen Angebot und Nachfrage. Ihre Stärke ist abhängige Variable der größeren oder geringeren Schwierigkeit, technisch-ökonomische Interessen, die aus der Struktur einer Produktion erwachsen, mit Nachfrageforderungen, die von „Ausrichtern" ihnen gegenüber vertreten werden, in Einklang zu bringen.

Neben diesen natürlichen Tatsachen spielt die Zweckmäßigkeit oder Unzweckmäßigkeit einer Aufteilung der Gesamtunternehmerfunktion die entscheidende Rolle.

C. Die Funktionenteilung im Bereich der Unternehmerleistung

Die Abspaltung und schließliche Ausgliederung ablösbarer Gleichrichter-Aufgaben (Funktionenteilung) muß innerhalb der Gesellschaftswirtschaft als das Ergebnis eines freiwilligen, meist aus einzelwirtschaftlichem Interesse erwachsenen Entschlusses gedacht werden. Sie ist zu begreifen als zwangsläufige Folge eines aufkommenden Mißverhältnisses zwischen der Leistungskapazität des einzelnen Unternehmers und der Höhe der Anforderungen, die von der als Ganzes gesehenen Unternehmeraufgabe gestellt werden.

Wo immer ein Mißverhältnis zwischen einer Aufgabe und einer als gegebene Größe gedachten Leistungskapazität des zunächst mit ihrer Lösung befaßten Subjektes in Erscheinung tritt, bieten sich nur drei Auswege an: Entweder wird die Aufgabe verkleinert oder das leistende Subjekt „anderweitig entlastet" oder zusätzliche Kräfte werden zur Aufgabenbewältigung herangezogen.

Im gegebenen Falle kann durch eine Spezialisierung der Produktion oder durch Aufgeben einzelner Artikel und die dadurch erreichbare Vereinfachung der innerbetrieblichen organisatorischen Leistungen eine Verringerung der Arbeitsbelastung erfolgen. Als anderweitige Entlastung wäre die Abspaltung von mancherlei Randfunktionen anzusehen, die in der Praxis fast allen Unternehmern zugemutet werden, aber entweder von beauftragten Angestellten oder auch von selbständigen Berufstätigen (Wirtschaftsprüfern, Steuer-, Devisen-, Werbeberatern usw.) erfüllt werden könnten. Die Zuziehung Dritter zur eigentlichen Unternehmeraufgabe ist sowohl vorstellbar als innerbetriebliche Zerlegung der Gesamtaufgabe (Einsetzen eines Generaldirektors, dem ein technischer und ein kaufmännischer Direktor zur

Seite stehen) wie als überbetriebliche Aufspaltung der Gesamtunternehmerfunktion. Im letzten Falle kommt es zur Ausgliederung der bisher mit umfaßten (eingegliederten) Gleichrichterfunktion, zur Funktionenteilung.

Je nach der Art und dem Grade der Überlastung des zunächst eine Gesamtunternehmeraufgabe erfüllenden Subjektes wird zur Wiederherstellung angemessener Proportionen zwischen Kräfteeinsatz und Anforderungen aus der Sache dieser oder jener Weg eingeschlagen. Der Entschluß zur Ausgliederung der von einem Unternehmen ablösbaren Handelsfunktionen wird wohl in der Regel an letzter Stelle stehen, also immer erst nach Erschöpfung sonstiger Begrenzungs- und Entlastungsmittel gefaßt werden.

Da nun alle die eben geschilderten Entlastungsmittel in verschiedengradigen Mischungen kombiniert werden können, ergibt sich eine wahrhaft unübersehbare Fülle von Möglichkeiten der Unternehmens-gestaltung.

Wie dargelegt, muß die Abspaltung und schließlich die Ausgliederung ablösbarer Gleichrichteraufgaben innerhalb der Gesellschaftswirtschaft als Ergebnis eines freiwilligen, meist aus einzelwirtschaftlichem Interesse erwachsenen Entschlusses gedacht werden. Daraus ist fraglos zu folgern, daß der Verzicht auf Teile bisher miterfüllter Ausrichtungsarbeit wenigstens in dem dieser Entscheidung vorangehenden Zeitabschnitte vorteilhaft erschienen ist. Insoweit können die zur Aufspaltung führenden Gründe als *positive* bewertet werden, die günstige Aspekte zwischen unabhängigen Produktions- und Handelsunternehmungen eröffnen. Sie sind auch gesamtwirtschaftlich als Aktivposten zu werten, da sie ja auf eine Erhöhung der einzelwirtschaftlichen Leistung durch Proportionierung von Aufgaben und Leistungskapazität hindrängen.

Nach einmal vollzogener Ausgliederung hingegen bahnen sich entscheidende Änderungen der Verhältnisse an. Die Ausrichtungsfunktion wird nunmehr von den Interessen einer eigenen (Handels-)Unternehmung her bestimmt, die sich keinesfalls den speziellen Forderungen jeder einzelnen mit ihr in Verbindung stehenden (Produktions-)Unternehmung in dem Maße unterordnen kann, in dem eingegliederte Verteilungsfunktionen untergeordnet werden, weil die „Warenverteilung" in einer Gesamtunternehmung ganz natürlicherweise gewöhnlich nur als eine „Hilfsleistung" angesehen wird, die der Produktion, als dem Kern des Unternehmens, zu dienen hat. Aus der Vernachlässigung von

Handelsinteressen erwachsende Verluste werden bei eingegliedertem Ausrichtungsdienst aus sonstigen Überschüssen gedeckt.

Die Entstehung solcher Verluste trägt jeweils wesentlich zur Förderung des Ausgliederungsentschlusses bei.

Der auf sich gestellten Handelsunternehmung fehlen solche Ausgleichsmöglichkeiten aus Produktionsgewinnen. Daraus folgt, daß sie entweder wirtschaftlicher arbeiten muß als die von ihr abgelösten Vertriebseinrichtungen der jetzt als ihr Lieferant auftretenden Unternehmungen — oder von vornherein zum Untergang verurteilt ist.

Wirtschaftlicher kann sie nur dann sein, wenn sie anders disponiert als ihre „Amtsvorgängerin", das heißt nicht genau das Gleiche tut, was von dieser aus einseitig betontem produktionstechnischem Interesse heraus getan wurde.

Damit ist der Keim gelegt zum Aufkommen völlig andersgearteter und durchaus als *negativ* anzusprechender Spannungsverhältnisse zwischen selbständigen Produktions- und Handelsunternehmungen. Je mehr die Erinnerung an die Motive der Funktionenaufspaltung verblaßt, desto geringer wird die Anpassungsbereitschaft des Angebotes werden, desto stärker werden etwaige Umstellungsanforderungen, die von unabhängigen Handelsunternehmungen ausgehen, als feindselige Akte empfunden. Jedenfalls wächst die Gefahr, daß das ursprünglich positive Spannungsverhältnis in ein negatives umschlägt, das heißt unfruchtbare Kämpfe zwischen verselbständigten Produzenten- und Handelsunternehmungen entstehen, die schließlich nur mit einem fragwürdigen Kompromiß zu Lasten Dritter (Einbeziehung des Handels in die Kartellabreden der Industrie) oder mit der Niederlage des einen oder anderen Kampfbeteiligten enden.

Ganz allgemein ist der Unternehmerwille auf Rationalisierung, das heißt immer wieder: auf ein wirtschaftliches Handeln ausgerichtet! Diese Absicht, wirtschaftlicher zu handeln, kann in der Sphäre der Produktion im engeren Sinne nur realisiert werden durch stets neues Durchsetzen technischer Ideen bei der Durchführung des eigentlichen Umformungsprozesses. Das Wunschbild des Produzenten — Produzent als Funktion gesehen — scheint eine völlige Stabilität der Marktverhältnisse zu sein. Wenn stets gleichmäßige und gleichgerichtete Beschäftigung seiner Produktionsanlagen gewährleistet ist, kann alle seine Kraft auf die Verbesserung der innenbetriebstechnischen Organisationsaufgaben ausgerichtet bleiben.

Jede Veränderung der Produktionsziele bedeutet von diesem Standpunkte aus gesehen eine Störung eigener Kreise. Die Handelsfunktion hingegen ist denknotwendig ausgerichtet auf die Erfüllung eines von ihr immer wieder neu zu erforschenden Nachfragewillens.

Macht ist dem Händler praktisch nur in den seltensten Fällen gegeben. Unter normalen Verhältnissen muß er zum mindesten die Nachfrage als eine übergeordnete Instanz respektieren. — Das Wort von „Seiner Majestät dem Kunden" hat so verstanden seinen tieferen Sinn.

Es ist daher leicht zu erklären, daß die Träger der Handelsfunktion von jeher das Bestreben gehabt haben, und geradezu haben müssen, die Produktion auf diesen Nachfragewillen auszurichten. Werbung für bestimmte Produktion stellt den Versuch der Nachfragebeeinflussung in Richtung auf diese dar. Wo solch mittelbares Beeinflussen des Nachfragewillens versagt, hat der Händler nur die Wahl, sich umzustellen oder Verluste zu erleiden. Er ist mithin den Produzenten gegenüber stets „Nachfrageanwalt".

Wo immer diese beiden Pole der Unternehmerfunktion in Spannung zueinander stehen, ist die Gefahr von Konflikten gegeben, Konflikten, die bei persönlicher Verbindung von Produzenten- und Handelsfunktion in einer Person den Unternehmer in die Lage des berühmten Mannes mit den beiden Seelen versetzen, die sich voneinander trennen wollen.

D. Die gesamtwirtschaftliche Zielsetzung für die Handelsleistung

Die Frage nach der Produktivität des Handels darf nicht verwechselt werden und ist nicht identisch mit der Frage nach der bestmöglichen (produktivsten) Lösung der Handelsaufgabe. Diese wird vielmehr bestimmt durch die optimale Lösung des der Handelsleistung gesetzten gesamtwirtschaftlichen Zieles.

Eine optimale Gestaltung des Spannungsausgleiches kann offensichtlich nur dann planmäßig angestrebt werden, wenn eindeutig feststeht, durch welche Merkmale sie sich kennzeichnet. Allgemein läßt sich ohne weiteres sagen, daß eine optimale Ausrichtung dann erreicht wird, wenn die in falscher Angebotsausrichtung begründeten Kapitalfehlleitungsverluste minimalisiert sind. Die Voraussetzungen dafür lassen sich nur aus der Überlegung ableiten, daß den Trägern der Gleichrichtungsaufgabe zwei Wege offenstehen: Hinlenkung der Nachfrage zum Angebot und — umgekehrt — Anpassung des Angebotes an die Nachfrage. Wir stoßen hier auf das Problem des Vorranganspruches von Angebot und Nachfrage!

Wenn man den eigentlichen Sinn des Wirtschaftens in der Befriedigung von Bedürfnissen sieht, dann scheint der Primat des Nachfragewillens insofern unanfechtbar gegeben zu sein, als danach eben alle Leistungen der Angebotsseite als Mittel zum Zweck erscheinen.

So einfach liegen die Dinge aber dann doch nicht, weil dem Aktivum der Bedürfnisbefriedigung gegebenenfalls — nämlich bei erzwungener Wirtschaftsumstellung — das Passivum der Zerstörung schon geschaffener Anlagen gegenübersteht. Die hier gedanklich einmal unterstellte „bedingungslose" Respektierung eines jeden beliebigen Anspruches kaufkräftiger Nachfrage führt also nicht immer auch zum höchsten Gesamtnutzen. Jede Ausschaltung nicht voll amortisierter Produktionsmittel stellt sich als fruchtlose Vernichtung aufgewandter Kräfte und mithin nicht nur als einzelwirtschaftlicher, sondern auch als gesamtwirtschaftlicher Verlust dar. Er wird bei ausschließlicher Geltung gesamtwirtschaftlicher Maßstäbe wohl oder übel in Kauf zu nehmen sein, wenn eine vergleichsweise geringere Opfer fordernde Erhaltung solcher Anlagen nicht erreichbar ist.

Die einfache Kapitulation vor einem einmal zur Geltung kommenden Nachfragewillen wäre nur dann zu vertreten, wenn einer derartigen Entscheidung eine gesamtwirtschaftlich richtige Abwägung *aller* Möglichkeiten zugrunde läge, durch sie also das „wohlverstandene Eigeninteresse auf lange Sicht" gewahrt würde.

Damit darf aber wohl in keinem einzigen Falle gerechnet werden. Ein sehr großer Teil der Bedarfsbefriedigung erfolgt in der Marktwirtschaft auf der Grundlage bloßer Augenblicksentschlüsse. Meist kann noch nicht einmal von einer auch nur einzelwirtschaftlich richtigen Abwägung aller übersehbaren eigenen Interessen die Rede sein — geschweige denn davon, daß die Nachfragenden einen wirklichen Gesamtüberblick über weitere Wirtschaftsausschnitte hätten. Die ständige sofortige Unterordnung des Angebotes unter Nachfrageforderungen bliebe unter solchen Umständen zweifellos mit sehr erheblichen Anlageverlusten verbunden.

Den Trägern der Ausrichtungsfunktion stellt sich dann ganz offensichtlich die Aufgabe, *sowohl* auf das Angebot wie *auch* auf die Nachfrage einzuwirken, und zwar jeweils *so,* daß mit geringsten Werteinbußen durchsetzbare Anpassung zuerst erstrebt wird.

Jeder Umformungszumutung wird mithin der Versuch vorausgehen müssen, gegebene kaufkräftige Nachfrage aus gegebenem Angebot zu befriedigen. Im Idealfall würden danach keine „Reste" mehr übrig bleiben dürfen — weder nur auf Termin zu erfüllende Sofortwünsche adäquat gegenleistungswilliger Nachfrage noch Ladenhüter.

Es ist selbstverständlich, daß diese Bestlösung sich nicht oder nur ausnahmsweise auf Grund zuvor schon bestehender Geschäftsbeziehungen ohne weiteres ergibt. Von den Gleichrichtern muß vielmehr Ausschau nach Über- und Unterschüssen hüben und drüben gehalten werden, um den Ausgleich aus laufender Produktion herbeizuführen.

Märkte sind eben nicht einfach gegebene Größen; sie können vielmehr in hohem Maße durch Markt-Nachrichtenverkehr gebildet und erweitert werden.

Muß eine nachhaltige Umstellung in irgendeinem Sinne erreicht werden, dann bleibt immer noch die Wahl offen, ob nun Einfluß auf die Nachfrage oder auf das Angebot auszuüben ist.

Sehr häufig kann die Nachfrage durch Werbemittel verschiedenster Art dauernd für irgendwelche Produkte gewonnen werden, die entweder bei ihrer Einführung oder infolge irgendwelcher gegen sie aufgekommenen Meinungen auf Ablehnung stießen. Reklame, die Nachfrage dem leistungsfähigen Anbieter beziehungsweise der höherwertigen Bedürfnisbefriedigung zuführt, ist im hohen Grade produktiv. Sie unterstützt den Leistungswettbewerb und steigert mittelbar und unmittelbar den Lebensstandard. Sie kann in diesem Sinne Wirtschaft führen, sie kann aber auch Nachfrage irreführen.

Die Gefahr eines solchen Reklamemißbrauchs ist um so größer, je stärker die Träger der Ausrichtungsfunktion ihrerseits mit Bestrebungen einzelwirtschaftlichen Kapitalentwertungswiderstandes interessenmäßig verbunden sind. Die bestmögliche Lösung der ihnen gestellten Aufgabe erfordert ihre volle Unabhängigkeit von einseitigem Produzentendenken. Aber auch eigene unmittelbare Betriebsziele, wie der Wunsch, vorhandene Lagerbestände ohne Verluste abzusetzen, können sie zu einem kurzsichtigen Disponieren veranlassen.

Ideal erscheint der wirklich über den Marktparteien stehende und die langfristigen Wirtschaftsinteressen beider Seiten gegeneinander abwägende Gleichrichter, der richtig und rechtzeitig erkannte Umstellungsnotwendigkeiten der Produktion gegenüber durchzusetzen vermag, ehe unnötigerweise größere Kapitalfehlleitungsverluste entstehen.

Die Wirtschaftswirklichkeit ist weit davon entfernt, den Trägern der Handelsaufgabe diese Stellung ohne weiteres einzuräumen. Deren tatsächliche Stellung ist vielmehr jeweils abhängig von den bestehenden Spannungsverhältnissen an den von ihnen bearbeiteten Märkten.

E. Geschichtliche Wandlungen in der Position des Handels

So bietet die Theorie des Handels als allgemeinste Analyse die Grundlage für eine Diagnose der im Laufe der Geschichte gegebenen ständigen Wandlungen in der Position des Handels beziehungsweise in seinem Verhältnis zur Industrie. Überall wird sich ergeben, daß die Position selbständigen Handels, seine effektive Größe oder Unabhängigkeit, zurückzuführen ist auf den Charakter der Spannungen zwischen den beiden aufgezeigten Polen der Gesamtunternehmerfunktion, dem auf Stabilität ausgerichteten Pol des produktionstechnischen Denkens und dem auf Rentabilität des Wirtschaftsprozesses abgestellten des Handelsdenkens.

Noch im Mittelalter ist der Handel von verhältnismäßig untergeordneter Bedeutung. In der Hauptsache wird die Nachfrage an räumlich eng begrenzten Märkten bedient. Die autarke Versorgung der Einzelwirtschaften innerhalb der Haushalte spielt noch eine außerordentlich große Rolle. Erst allmählich, mit fortschreitender Entwicklung des Verkehrswesens, entsteht auch ein, zunächst gelegentlicher und dann regelmäßiger, geschäftlich organisierter Warenaustausch an den Binnenmärkten neben dem großkapitalistischen Fernhandel.

Zu eigentlichen Spannungen zwischen Produktion und Handel ist es aber erst im Laufe des 19. Jahrhunderts gekommen, nachdem zunächst einmal durch ständiges Anwachsen der Produzentenaufgabe eine Stufenteilung sich herausgebildet hatte. Der bis dahin fast überwiegend mit Produktionsstufen selbst verbundene Handel erhält den Rang einer selbständigen Wirtschaftsstufe.

Diese Aufteilungsprozesse sind die ganz natürliche Folge der begrenzten Leistungskapazität jeder Unternehmerpersönlichkeit. Die Entstehung großer produktionstechnischer Aufgaben, das Wachsen der Betriebsgrößen und das Aufkommen technischer Probleme nimmt die Kraft des einzelnen Produzentenunternehmers in wachsendem Maße in Anspruch. Es erscheint lohnend, zu einer Entlastung durch Abspaltung beziehungsweise Verkümmerung des zweiten Poles — des Handelspoles im Rahmen der Gesamtunternehmerfunktion — überzugehen.

Jeder Produzent bleibt bis zu einem gewissen Grade *auch* Handelsunternehmer, insofern er nun mit den verkehrsselbständigen Handelsunternehmern als Nachfrageträgern zu rechnen hat, auf deren Nachfragewillen er seinen Produktionsprozeß ausrichten muß. Die Aufgabe erscheint indessen vereinfacht, weil der Händler größere Mengen abnimmt, als die eigentlichen Verwender der Erzeugnisse zu tun vermögen, und das Risiko der Lagerhaltung auf sich nimmt.

Solange es sich um die Bedienung relativ stabiler Märkte und um die Bereitstellung von Gütern eines nicht allzu differenzierten täglichen Bedarfs handelt, braucht es noch nicht zu wesentlichen Spannungen und zu akutem Streit zwischen den Trägern der Produzenten- und der Handelsfunktion zu kommen. Je stärker die Dynamik der Wirtschaft des 19. Jahrhunderts zum Durchbruch kommt, desto größer wird zunächst einmal die Bedeutung der Handelsfunktion. Ihre Träger erhalten außerordentliche Wirtschaftsmacht, die ihnen aus ihrer Verfügung über große Kapitalien zuwächst. Ihre Leistung wird kaum bestritten. Der „Königliche Kaufmann" ist Idealbild.

Erst im letzten Drittel des 19. Jahrhunderts tauchen neue Probleme auf. Die moderne Großproduktion wird schwerfällig, das Angebot erstarrt mit dem wachsenden Anteil der Fixkosten an den Gesamtkosten. Die Produktionsanlagen drängen auf strikteste Vollausnutzung. Jede Unterbeschäftigung führt zur Belastung der Produktionskosten je Einheit mit unter Umständen schnell wachsenden Anteilen an festen Kosten, die nun auf einen verkleinerten Umsatz umgelegt werden müssen.

Die Handelsunternehmer haben diese ihnen durch die Verhältnisse zugespielte Machtposition zweifellos nach Kräften ausgenutzt. Sie haben in Zeiten rückläufiger Konjunktur die Produzenten gegeneinander ausgespielt, die Preise gedrückt, Risiken, die dem eigentlichen Handelsunternehmer zufallen müssen, auf die Schultern der Produzenten abgewälzt.

Auf diese Weise ist es zu schweren Spannungen zwischen Produzenten- und Handelsunternehmen gekommen. Die Produktion sah die einzige Möglichkeit der Abwehr in der Anwendung des schon auf dem Gebiete des sozialen Kampfes erprobten Organisationsmittels: Die Produzenten schließen sich in Kartellen zu „marktordnenden Verbänden" zusammen. Sie versuchen, die Preise ihrer Produkte zu stabilisieren, gegebenenfalls die angebotene Gesamtmenge zu regulieren. Methoden direkt zentralverwaltungswirtschaftlicher Wirtschaftslenkung setzen sich so zunächst einmal im Sektor der privaten Wirtschaft durch — insbesondere dort, wo die äußeren Bedingungen für die Bildung mächtiger Organisationen in der Industrie günstig erscheinen.

Es liegt dabei zweifellos eine grundsätzliche Verkennung der Verhältnisse insofern vor, als hier Wirtschaftsschwankungen schlechthin dem Händlertum zur Last gelegt werden, statt daß man ihre Ver-

ankerung in Schwankungen des Gesamtnachfragevolumens gesehen
hätte. Die falsche Diagnose führt zu falscher Therapie. Die Preisbin-
dung muß dann naturgemäß verschärfte Mengenschwankungen im
Konjunkturablauf auslösen. Die Kapazitätsausnutzung der Produktion
muß im Durchschnitt sinken, das heißt, es muß notwendig auch zu
einer Erhöhung der durchschnittlichen Produktionskosten auf lange
Sicht gesehen kommen.

Gesamtwirtschaftlich gesehen ist eine ausgesprochen bedenkliche
Situation entstanden. Der Sinn des Wirtschaftsprozesses wird in Frage
gestellt. Das Ziel „Bereitstellung von Bedürfnisbefriedigungsmitteln
durch Ausrichtung auf kaufkräftige, gegenleistungsbereite Nachfrage"
wird schlechter erreicht, als es bei rechtzeitiger Ausrichtung der Produktion auf den Nachfragewillen durch einen marktorientierten, vor-
ausdisponierenden Handel geschehen würde. Die im Namen der Produktivität erfolgende Beschränkung der Leistungsmöglichkeiten des
Handels ist produktivitätswidrig!

Es ergibt sich somit als eine vordringliche Aufgabe für die Wirtschaftspolitik, eine Verbesserung in der Gestaltung der Angebot-Nach-
frage-Beziehungen zu erreichen. Das wird nur gelingen, wenn es möglich ist, einerseits die Beweglichkeit des Angebots zu erhöhen und
andererseits zu einer gewissen Stabilisierung des gesamten Nachfrage-
ablaufs zu gelangen. Nächstdem muß die Position des selbständigen
Handels gestärkt werden, um gegebenenfalls eine Ausrichtung des
Produzentenwillens auf den Nachfragewillen erzwingen zu können,
wo immer es unmöglich ist, den Berg „Nachfrage" an den Propheten
„Produktion" heranzuführen.

Das eben aufgezeichnete Bild bleibt beschränkt auf die Darstellung
wesentlicher Grundlinien einer allgemeinen Entwicklungstendenz.
Jede nähere Betrachtung der Wirklichkeit lehrt, daß von einem allgemeinen Kampf zwischen Industrie und Handel oder einer allgemeinen Abhängigkeit des Handels von der Industrie gar keine Rede
sein kann.

Es sind Fälle zu beobachten, in denen Produzentenfunktionen gleichsam nebenbetrieblich in Handelsunternehmungen vollzogen werden.
Da und dort sind Produzenten in einer deutlichen Abhängigkeit von
großen, kapitalstarken Handelsunternehmungen — zu denken ist etwa
an die Abhängigkeit von Lohnwebereien, die im Dienste eines Aus-
rüstungsgroßhandels stehen, oder auch an die Abhängigkeit kleiner
und mittlerer Industriebetriebe von Warenhauskonzernen als Groß-
kunden.

Überall, wo der Produzent seinerseits marktnah ist, nach dem Gegenstande seiner Produktion — z. B. bei der Erzeugung unmittelbar modeabhängiger Artikel —, wird der Händler als Berater und Helfer des Produzenten gesucht und gefördert. Daneben aber sind in wachsender Anzahl Fälle zu bobachten, in denen der Handel in die Rolle eines „verlängerten Armes" des Produzenten herabgedrückt wird. Seine Selbständigkeit ist praktisch mehr oder weniger Schein. Der Handelsunternehmer disponiert in nicht wenigen Fällen nach „Weisungen, die er von vorgelagerter Produktion erhält", statt daß er sich — was das Kennzeichen wirklich selbständigen Unternehmertums ist — allein richten könnte nach dem, was ein Vergleich zwischen erzielbaren Erlösen und aufzuwendenden Kosten ihn lehrt.

Spannungen aus der Gegensätzlichkeit von Produktions- und Handelsfunktion

(Spannungssystematik)

Anmerkung des Herausgebers: Die Manuskripte enthalten eine Fülle von Gedanken und Beobachtungen zu einzelnen Spannungen. Eine geschlossene Systematik liegt jedoch nicht vor. Die nachfolgenden Ausführungen stellen eine Zusammenfügung der wesentlichen Gedanken dar. Sie mögen den Anschein erwecken, Lampe habe sich in seiner Spannungssystematik im wesentlichen der herkömmlichen Unterscheidung von Raum-, Zeit-, Mengen- und Qualitätsdivergenzen zwischen Angebot und Nachfrage anschließen wollen. Ihm hat jedoch wie bei der Aufstellung seiner Funktionstheorie auch bei dem Bemühen um eine Spannungssystematik gerade die Überwindung derartiger ‚formaler‘ Unterscheidungen und das Vordringen zu ‚inhaltlichen‘ Bestimmungen vorgeschwebt. Das kommt besonders darin zum Ausdruck, daß er unter den Spannungsarten auch solche berücksichtigt, die daraus entstehen, ‚daß hüben und drüben Kenntnisse fehlen, deren Vorhandensein einen Ausgleich erlauben würde, während es ohne sie zu einer falschen Bewertung der gegebenen Verhältnisse kommt‘. Gerade derartigen Spannungen hat er seine besondere Aufmerksamkeit zuwenden wollen, ist darin aber bedauerlicherweise noch zu keinen ihn befriedigenden Ergebnissen gelangt. Nach übereinstimmender Meinung der Beteiligten sollten seine Entwürfe zu einer Theorie des Handels so, wie er sie uns hinterlassen hat, und ohne Zusätze als sein Beitrag zur Handelstheorie unverändert zur Geltung gebracht werden. Eine Redigierung in Richtung auf ein klareres Herausarbeiten seiner eigentlichen Absichten war daher auch hier nicht möglich.

Die im ersten Abschnitt aufgezeigte und inhaltlich begründete Gegensätzlichkeit von Produktionsdenken und Konsumdenken äußert sich in Spannungen. Diese Spannungen sind mannigfaltig. Einer Theorie des Handels fällt nun die Aufgabe zu, eine Spannungssystematik zu entwickeln. Diese muß alle Spannungen vollständig und einheitlich erfassen; die Ordnung derselben muß es möglich machen, verschiedene Marktverhältnisse eindeutig zu umreißen und in Vergleich zu setzen, um dann in Gegenüberstellung mit der im folgenden Abschnitt behandelten Übersicht über die Sonderqualitäten bestimmter Handelsformen (Handelsformenlehre) Klarheit darüber zu gewinnen, welche Momente für die eine und welche für die andere Handelsform sprechen.

So wird sich dann auch, je nach dem Vorherrschen bestimmter Spannungsarten und Spannungsgrade erklären lassen, warum die miteinander in Wettbewerb stehenden Handelsformen zu den verschiedenen Zeiten, in den verschiedenen Geschäftszweigen und innerhalb dieser verschiedenen Geschäftszweige wiederum in verschiedenen Gebieten so ganz ungleich stark vertreten sind. Schließlich sollten auf diese Weise sogar — gleichsam von außen her — die Gründe bestimmt werden können, die ein und dasselbe Produktionsunternehmen veranlassen, mit verschiedenen Vertriebsorganen nebeneinander zu arbeiten.

Die so verfahrende Praxis wird vielleicht Gründe dafür gar nicht angeben können, weil ihre Entscheidungen teils traditionell gebunden sind, teils auf Grund langjähriger Erfahrungen mit dem berühmten „Fingerspitzengefühl" gewonnen wurden. Die durch eine systematische theoretische Analyse der Gegebenheiten zu gewinnende Überschau mag in mehr als einem Falle früher, als es ohne sie möglich wäre, zu der Erkenntnis verhelfen, daß ein ehedem vielleicht richtiger Entschluß inzwischen revisionsbedürftig geworden ist.

A. Spannungsarten und Spannungsgrade

Als Spannung wird der Zustand bezeichnet, daß das von der Produktion herrührende Angebot und die vom Konsum herrührende Nachfrage einander nicht entsprechen und daher des Ausgleichs bedürfen.

Eine systematische Anordnung aller Spannungsmöglichkeiten wird gewonnen, wenn man bei der Materialaufgliederung auf die Grundursache der Polspannungen zurückgreift. Sie war in der Charakterverschiedenheit der beiden zwangsläufig miteinander verkoppelten Teilfunktionen der Unternehmertätigkeit zu erkennen, nämlich im Stabilitätsdrängen der Produzentenfunktion einerseits und dem notwendig labilen Wesen der Ausrichtungsfunktion andererseits.

Der Güteraustausch wird zwischen Subjekten in Raum und Zeit mit Objekten nach Menge und Qualität vollzogen. Die als Spannungen bezeichneten Gegensätzlichkeiten *müssen* also mit der Stellung der Subjekte, der Eigenschaft der Objekte sowie mit besonderen, die Interessenlagen ungleichmäßig gestaltenden Zeit- und Raumbedingungen

der Wirtschaft, Mengen- und Qualitätsbedingungen der Wirtschafts-
objekte zusammenhängen. Eine Darstellung der den Ausrichtungs-
prozeß bestimmenden Spannungen muß also als Subjekt- und Objektspannungen möglich sein.

Subjekte des Tauschprozesses sind die einander als Partner gegenüberstehenden Einzelwirtschaften, die Betriebe bzw. Unternehmungen
und Haushalte, sowie die in ihnen wirkenden Personen.

Die Einzelwirtschaften selbst sind als „Subjekte" insoweit anzusprechen, als eben jede Unternehmung eine Individualität ist, die ihr
persönliches Gepräge hat. Ihre Eingliederung in die umgebende Wirt-
schaftswelt ist von dort her ganz wesentlich mitbestimmt. Der Betrieb
als solcher stellt Anforderungen, die in Konflikt mit anderen Interessen geraten, und die auch nicht einfach durch die Person des Unternehmers aus der Welt geschaffen werden können. Die Subjektspan-
nungen umfassen Spannungen, die durch das unterschiedliche Wirtschaftsdenken der Wirtschaftssubjekte hervorgerufen werden.

Die Objektspannungen umfassen die Spannungen, die hervorgerufen
werden durch Bedingtheiten, die im Objekt selbst liegen, das heißt
Bedingtheiten aus dem materiell-technischen Herstellungs- oder Ver-
brauchsprozeß.

Hie und da mögen sich Unsicherheiten bezüglich der Einordnung
von Spannungen ergeben. Objektspannungen, also in der Ware begründete Spannungen, können beispielsweise von der Nachfrageseite
aus betrachtet auch als subjektiv verursacht gelten. In Zweifelsfällen
solcher Art ist jeweils der Angebotsseite vor der Nachfrageseite und
den Subjekten vor den Objekten der Vorrang zu geben.

Die damit zugestandene Willkürlichkeit in der Konstruktion der
Spannungssystematik beschränkt deren Brauchbarkeit nicht. Sie tut
ihren Dienst, wenn sie es erlaubt, die Spannungsprobleme vollständig
und einheitlich zu erfassen. Damit wird dem hier, ebenso wie bei der
Suche nach einer Urfunktion des Handels, bestehenden Bedürfnis nach
der Gewinnung eines *Generalnenners* Rechnung getragen, der es erlaubt, verschiedenste Marktbilder miteinander in Vergleich zu setzen.

Fast durchgängig werden Struktur- und Bewegungsspannungen zu
unterscheiden sein. Als strukturell ist eine Spannung anzusprechen, die
im Aufbau entsprechender Wirtschaftsverhältnisse verankert ist —
zentralisierter Produktion steht dezentralisierte Nachfrage gegenüber.
Bewegungsspannungen hingegen sind Spannungen, die sich aus der
Tatsache einer Veränderung von Wirtschaftsverhältnissen und mit
deren Ablauf ergeben.

Der Grad der Spannungen ist unterschiedlich. Von solchen schwachen Grades, die praktisch ohne Bedeutung sind, geht die Skala bis zu solchen, zwischen denen ein Ausgleich nicht oder nur durch Zwischenschaltung von besonderen Ausgleichsorganen möglich ist.

Die Ausgleichsmöglichkeit ist eng gebunden an die Beweglichkeit der Spannungen. Die Grenzfälle sind absolute Starrheit und völlige Elastizität, das heißt reibungslose Anpassung an jede Änderung. Die Wirklichkeit des Wirtschaftslebens ist zwischen diesen beiden Grenzfällen in einer durchlaufenden Skala mannigfaltiger Möglichkeiten ausgespannt.

Bei Aufspaltung der Gesamtunternehmerfunktion einer Stufe stehen Träger von Handelsfunktionen als betrieblich selbständige Glieder zwischen den beiden „eigentlichen" Marktparteien, den Produzenten und den Verwendern. Das zwischen diesen herrschende, als natürlich erkannte Spannungsverhältnis wird häufig genug dadurch noch unnötigerweise verschärft, daß hüben und drüben Kenntnisse fehlen, deren Vorhandensein einen Ausgleich erlauben würde, während es ohne sie zu einer irgendwie falschen Bewertung der gegebenen Verhältnisse kommt.

Mithin läßt sich unter diesem Gesichtspunkt eine Reihe einschlägiger Probleme zusammenfassen als „Bewertungsspannungen". Es liegt auf der Hand, daß die durch sie gestellten Aufgaben in besonders hohem Maße wirkliche Dispositionsfreiheit derjenigen erfordern, die mit der Ausrichtungsaufgabe befaßt sind. Der „Anwalt" einer Partei kann hier nicht weiterhelfen; es muß schon ein wahrhaft unabhängiger Schiedsrichter ans Werk gehen.

Vier Arten von Mängeln können auf einer oder auf beiden Seiten in mannigfacher Vermischung und in sehr unterschiedlichem Grade gegeben sein:

1. Die Anbieter und/oder die Nachfragenden wissen selbst nicht recht, was sie unter gegebenen, aber von ihnen allein nicht richtig einzuschätzenden Umständen tun sollen: Soll mehr oder weniger, dies oder jenes produziert oder nachgefragt werden? (Dispositionsspannungen.)
2. Ein Teil des an sich vorhandenen, für die entsprechend kaufkräftige Nachfrage in Betracht kommenden Angebots ist den Kauflustigen nicht bekannt. Umgekehrt: Den Anbietern sind an sich für sie bestehende Absatzmöglichkeiten nicht „von selbst" oder kraft eigener Bemühung zur Kenntnis gekommen. (Subjektive Marktweitespannungen.)

3. Die Qualitäten bestimmter Angebote oder auch einer bestimmten Nachfrage (z. B. ihre Kreditwürdigkeit, ihre Dauerhaftigkeit) sind der Gegenseite nicht oder nur ungenügend bekannt. (Qualitätsbewertungsspannungen.)

4. Als eine Folge aller dieser Bewertungslücken ergeben sich Spannungen hinsichtlich der Gegenleistungsbereitschaft sowohl bezüglich der zu fordernden wie der zu gewährenden Preise und sonstigen Geschäftsbedingungen, die, wenn sie auch eine abgeleitete Spannungserscheinung sind, doch als ausgleichbare Tauschwert-Gebrauchswert-Spannungen gesondert behandelt werden müssen.

B. Ordnung der Spannungsarten

Zu einer Ordnung innerhalb der einzelnen Spannungsarten verhilft die Überlegung, daß der Güteraustausch sich im Raume vollzieht, durch dessen Gegebenheiten er beeinflußt und bedingt wird, und daß er sich in der Zeit abspielt, die ihn auch beeinflußt. Ferner sind die Faktoren der Menge und der Qualität gegeben. Es muß also möglich sein, alle Spannungen der einzelnen Arten auf die vier Faktoren Raum, Zeit, Menge und Qualität zurückzuführen.

Nur vergleichsweise selten kann damit gerechnet werden, daß der „Berg" Konsument zum „Propheten" Anbieter kommt. In der Regel müssen die erzeugten Güter als Ware zum Markte, also an die Nachfrage herangebracht werden (Raumspannungen).

Dabei handelt es sich um ein reines Verkehrsproblem, wenn die Warenverwender im voraus bestimmt sind, also Auftragsproduktion vorliegt. Im übrigen muß der Anbieter die von ihm räumlich entfernte und persönlich ganz oder teilweise unbekannte Nachfrage aufsuchen, sei es, daß im Raum verstreute Angebote auf eine örtlich konzentrierte Nachfrage angewiesen sind, sei es, daß umgekehrt an bestimmte Orte gebundene Produktion mehr oder weniger weit räumlich verteilt werden muß. Die Größe der Marktradien bestimmt dabei den Grad der Spannung.

Neben der aus der subjektiven Entscheidung zufolge technisch-betrieblicher Gründe des Produzenten gegebenen Standortwahl und der daraus zur Nachfrage resultierenden Raumspannung kann weiter die örtliche Angebots- und Nachfragehäufung Raumspannungen erzeugen: So kann man feststellen, daß, wenn aus natürlich-technischen Gründen oder unter dem Einflusse einer Tradition auf begrenztem Raum viele kleine und mittlere Betriebe entstehen, diese allein auf Grund dieser

Angebotsstruktur gezwungen sind, unter Umständen weltweite Märkte aufzusuchen (Pforzheimer Bijouterie-Industrie, Lyoner Seiden-Industrie), wobei es zu starken Raumspannungen kommt.

Die Tendenz zur Vergrößerung der Marktradien ist weiterhin eine unverkennbare Folge jeder im produktionstechnischen Rationalisierungsinteresse durchgeführten Spezialisierung. Sie gestattet Massen-produktion bei gesenkten Kosten je Einheit, *wenn* hinreichend aufnahmefähige Märkte für den Absatz erschlossen werden können.

Raumspannungen sind in besonders hohem Grade variabel. Jede Änderung der Wirtschaftslage muß die gesamten Dispositionen desjenigen Angebotes berühren, das mit noch lohnenden Kosten der neu entstandenen Lage angepaßt werden kann. Bevölkerungsbewegungen, Umschichtungen in der Einkommensverteilung, Erhöhung oder Senkung von Transportkosten können das Raumbild so verwandeln, daß möglicherweise sogar grundlegende Umgestaltungen des Handels dadurch erzwungen werden.

Bei tendenziell ungünstiger Wirtschaftsentwicklung werden Marktausweitungen versucht werden. Die Anbieter interessieren sich dann für Abnehmer, mit denen sie sich nicht befassen wollten, solange sie ihre Ware anderweitig unterbringen konnten. In Notzeiten werden mithin besonders aktive oder auch — aggressive Handelsformen bevorzugt werden.

Das unterschiedliche Verhalten von Produzenten und Konsumenten in der Wahl des Zeitpunktes zum Austausch von Gütern ist der Grund für das Entstehen von Zeitspannungen. Im allgemeinen will der Produzent seine Erzeugnisse möglichst im Zuge der Fertigung absetzen; der Verbraucher stellt unter normalen Verhältnissen die Anschaffung von Gütern bis knapp vor den Eintritt des Bedarfsfalles zurück. Die daraus sich ergebenden Spannungen können als Zeitspannungen gekennzeichnet werden.

So entstehen aus der natürlichen Diskrepanz zwischen dem Produktionsablauf und der zeitlichen Nachfrageverteilung mannigfache Spannungen. Ernteprodukte fallen meist in kurzen saisonalen Zeiträumen an, während der Verbrauch durchjährig ist (Rübenernte und Zuckeraufbereitung, Kartoffelernte und -verarbeitung zu Stärkemehl). Ähnliches gilt für viele tierische Erzeugnisse (Milch-, Eierschwemme). Auf der anderen Seite werden die Erzeugnisse einer laufenden Gütererzeugung unter Umständen nur an wenigen Tagen des Jahres benötigt (Christbaumschmuck), zum mindesten aber weist die Nachfrage ausgesprochene Saisons auf (Sportartikel, Sommer- und Winterkleidung).

Daneben steht eine produktionstechnisch bedingte Zeitspannung. Intensive Materialauswertung wird fast stets eine Verlängerung der Produktionsumwege mit sich bringen. Das bedeutet also, daß im ganzen gesehen längere Zeitspannen vom ersten Einsatz eines Rohmaterials bis zu seinem Übergang in den Konsum verstreichen.

Unter sonst gleichen Marktverhältnissen wachsen die von der Produktion eingegangenen Risiken mit der Dauer des Produktionsprozesses; die Möglichkeit, daß sich zwischenzeitlich irgendwelche Verlagerungen in der Nachfrage ergeben, sind entsprechend größer. Für den Produzenten-Unternehmer bedeutet dieses eine Erschwerung der Ausrichtungsaufgabe. Man kann danach ohne unzulässige Verallgemeinerung sagen, daß jede Umwegsverlängerung daher die Abspaltung von Handelsfunktionen nahelegt.

Im wesentlichen treten die Zeitspannungen als Strukturspannungen auf, doch ergeben sich auch Bewegungsspannungen. Etwa, wenn ein Bedarf der Nachfrageseite plötzliche Befriedigung erheischt, ohne daß sich vorher irgendeine Regelmäßigkeit für das Auftreten einer solchen Nachfrage feststellen läßt. Vorgänge dieser Art sind überall dort zu erwarten, wo z. B. durch modische Entwicklungen oder außerordentliche Umstände (Katastrophen) ein plötzlicher Bedarf entsteht. Ferner in all den Fällen, wo die Warenverwender oder -verbraucher nicht imstande oder auch nicht gewillt sind, selber wenigstens für kurze Fristen oder einmaligen Sofortbedarf Vorräte zu halten. Mit dieser Lage ist in weitem Umfange bei jeglichem Reparaturbedarf zu rechnen.

Wo Angebot und Nachfrage einander mengenmäßig nicht entsprechen, entstehen Mengenspannungen.

Ungleichheit der persönlichen unternehmerischen Qualitäten, der natürlichen Bedingungen, der „zufälligen" Betriebsschicksale und der Kapitalverteilung bringen es mit sich, daß Unternehmungen unterschiedlicher Größe nebeneinander bestehen. In manchen Wirtschaftszweigen, vor allem in der gewerblichen Urproduktion und in der Schwerindustrie, herrschen Großbetriebe vor, weil hier natürlich-technische Umstände diese Produktionsweise bis zu einem gewissen Grade unvermeidlich machen. Die einseitige Ausrichtung der Technik auf Anforderungen des Großbetriebes, der erhebliche Aufwendungen für die Entwicklung einer ihm adäquaten Maschinenausrüstung zu machen vermag, haben diese Entwicklung begünstigt.

So ist es vielfach zu einer Art von „Größen-Mißverhältnis" zwischen Angebots- und Nachfrageseite gekommen. Das kann ganz allgemein schon für die aufeinander folgenden industriellen Verarbeitungsstufen gesagt werden. Mit der Annäherung des Produktionsprozesses an die Konsumgüterstufe stammen — vor allem im Bereich der Erzeugung qualifizierter Güter — wachsende Anteile der Gesamterzeugung aus Mittel- und Kleinbetrieben. Vollends herrschen in der Landwirtschaft, in Handwerk und Einzelhandel die Kleinbetriebe vor.

Die Betriebsgrößenunterschiede haben zur Folge, daß im großen anfallende Produktionsergebnisse vielfach aufgeteilt werden müssen und, je nach der meist sehr stark ausgeprägten Individualität der Betriebe, Sonderanforderungen der Nachfrage zu befriedigen sind. Auf diese Weise sprechen Angebot und Nachfrage — mehr noch als es ihre natürliche Gegensätzlichkeit bedingt — wirklich aus verschiedenen Welten heraus.

Mancherlei Erzeugnisse werden auch von Großbetrieben nur in Mengen benötigt, die im Verhältnis zur Ausbringung des sie bedienenden Anbieters gering sind. Die Geschäftsabwicklung wird in solchen Fällen trotzdem glatter laufen als zwischen Unternehmungen, die sehr verschiedenen Größen angehören.

Es gibt also eine speziell auf die Größenklassenunterschiede zurückzuführende Angebot-Nachfrage-Spannung (Betriebsgrößenspannung), die Ausrichtungsaufgaben eigener Art stellt. Das gilt natürlich mit umgekehrten Vorzeichen ebenso für Umsätze zwischen kleinen Anbietern und großen Verwendern, die uns vornehmlich dort begegnen, wo landwirtschaftlich gewonnene Naturprodukte als Material in großen Betrieben verarbeitet werden (Häuteaufkauf, Schrotthandel, Produktenhandel).

Auch die Mengenspannungen sind natürlich nicht einfach als Strukturspannungen mit unverändert gegebenen Verhältnissen anzusehen. Neue Techniken und neue Marktbedingungen können bestehende Größenklassendifferenzen zwischen einander folgenden Bereitstellungsstufen im einen oder anderen Sinne verändern.

Sachkundige Anbieter werden den „Nutzwert", die technische Verwendungsmöglichkeit, der von ihnen erzeugten Waren weitgehend zu beurteilen vermögen. Es ist ganz selbstverständlich, daß jedem Produzenten *seine* Ware relativ am besten gefällt. Allerdings handelt es sich dabei keinesfalls um eindeutig gegebene, unveränderliche Größen; vielmehr kommt auch hier der Allzusammenhang der Wirtschaftsglieder zur Geltung. Technische Neuerungen auf anderen Gebieten üben unter Umständen einschneidende Rückwirkungen im positiven wie im negativen Sinne aus, ohne daß diese Tatsache aus der Produzentenperspektive ohne weiteres erkennbar würde. — Auch hier spielt die sonstige Inanspruchnahme des Produzenten-Unternehmers eine ausschlaggebende Rolle.

Auf der anderen Seite vermögen auch die Nachfragenden selten ein hinreichendes Urteil über die tatsächlichen Eigenschaften aller derjenigen Angebote zu gewinnen, die für sie in Frage kämen und durch Werbung etwa in ihren Markthorizont gerückt sind.

Es besteht also über die tatsächlich gegebenen Beschaffenheitsspannungen hinaus aus dieser Unkenntnis der qualitativen Beschaffenheit eine Bewertungsspannung von möglicherweise sehr empfindlicher Stärke. Die aufklärende Tätigkeit des Handels muß hier den Ausgleich schaffen.

Jeder Tauschakt setzt das Bestehen einer gewissen Bewertungsspannung voraus. Im Bedarfsfall wird der Marktpartner, der eine Leistung oder ein Leistungsergebnis anbietet, die erzielbare Gegenleistung höher bewerten als die weitere Verfügung über das von ihm Angebotene. Sein „subjektiver Tauschwert" liegt unter seiner „subjektiven Gebrauchswertschätzung" für die Gegenleistung bzw. — nämlich im Falle der Geldwirtschaft — für die mit dem erlösten Betrage zu erwerbenden Güter.

Auf der Gegenseite muß der Nachfragende für die erworbene Leistung oder Ware eine höhere subjektive Gebrauchswertschätzung haben als für die von ihm hingegebenen wirtschaftlichen Werte. Deren subjektiver Tauschwert muß für ihn niedriger liegen.

Man kann also kurz sagen, daß die beiderseitigen Wertungen — Gebrauchs- und Tauschwert der zum Austausch gelangenden Güter für die Tauschpartner — in einem umgekehrt proportionalen Verhältnis zueinander stehen müssen. Daraus ergeben sich „Tauschwert-Gebrauchswert-Spannungen".

Betriebliche Kombinationen von Handelsdiensten
(Handelsformenlehre)

Rückschauend darf behauptet werden, daß der Versuch, eine „Urfunktion" des Handels zu bestimmen, einstweilen gerechtfertigt erscheint. Die Analyse der Unternehmerfunktion, ihre Zerlegung in zwei einander konträre Teilfunktionen und die dann darauf gegründete Spannungssystematik erlauben die Erfassung aller vorstellbaren Handelsdienste unter einheitlichem Gesichtspunkte.

Damit liefert die Spannungssystematik jenen erstrebten Generalnenner, auf den nun die „Einzelwerte" der Handelsformen gebracht werden können, um zu objektiv begründeten Urteilen über ihre Leistung vorzudringen. A limine wird anzunehmen sein, daß die Mannigfaltigkeit nebeneinander bestehender und auch gleichzeitig von ein und demselben Produzenten-Unternehmer beanspruchter Handelsformen nicht das Produkt eines angeblich „blinden" Zufalls ist, daß diese sich vielmehr deuten läßt als ein Ergebnis der Anpassung des Wirtschaftslebens an die Fülle unterschiedlichster ihm gestellter Aufgaben.

A. Leitgedanken

Im krassen Mißverhältnis zur — gewiß nur im groben Durchschnitt erreichten — relativen Richtigkeit des wirklichen Wirtschaftsaufbaues steht die Unzulänglichkeit der gesamtwirtschaftlichen Bewertung der Handelsformen von außen her. Hier ist durchweg jede Sicherheit des Urteils zu vermissen, und zwar vornehmlich deshalb, weil eine Gesamtschau der fundamentalen Zusammenhänge, das heißt eine „reine Theorie des Handels" einstweilen fehlt. Der hier unternommene erste Versuch, sie zu entwickeln, muß seine Tauglichkeitsprobe erst in vielseitiger Anwendung bestehen. Sie wird zur Aufdeckung noch übersehener Lücken wie zur Korrektur von Konstruktionsfehlern verhelfen.

In diesem Stadium muß die rein theoretische Arbeit des Sozialökonomen sehr wesentliche Hilfeleistungen der Praxis in Anspruch nehmen. Er ist wohl imstande, von seinem Standort aus das Wirtschaftsgetriebe als Ganzes zu überblicken. Gerade deshalb ist er immerhin genötigt, sich doch so weit von der Wirtschaftswirklichkeit zu entfernen, daß er keines ihrer Glieder in all seinen Einzelheiten zu erfassen vermag. Er kann wohl eine Fülle von Einzelerfahrungen sammeln, die ihm zur Illustration seiner Thesen dienen; aber er kennt doch keinen einzigen Wirtschaftsausschnitt ebenso genau wie der in ihm lebende und wirkende Praktiker.

Die Funktionstheorie und die Spannungssystematik bieten nichts anderes als eine systematische Ableitung und logische Entfaltung derjenigen Überlegungen, die den fähigen Unternehmer in der Wirtschaftswirklichkeit bei der Gestaltung seines Beschaffungs- und Vertriebssystems und der etwaigen Abspaltung von Ausrichtungsfunktionen mehr oder weniger bewußt geleitet haben und zukünftig möglichst bewußt leiten sollten. Sie sind gleichsam als ein Wegweisersystem für die praktischen Erwägungen anzusehen, die von umsichtigen Unternehmern angestellt werden müssen, wenn sie sich ihr Material für scharf umrissene Diagnosen konkreter Marktsituationen sammeln wollen.

Die Probe auf das Exempel wird also zweckmäßigerweise dadurch vorzunehmen sein, daß befähigte Wirtschaftspraktiker, die bereit und imstande sind, diese Gedankengänge einer dem Ziele nach wirklichkeitsnahen Handelstheorie aufzunehmen, nunmehr prüfen, ob und in welchem Maße sie diese Theorie bei deren Anwendung auf dem Felde eigener praktischer Erfahrung bewährt finden. Man wird so auf Grund der Handelstheorie (Funktionstheorie und Spannungssystematik) zu „Marktbildern gegebener Handelssituationen" für zeitlich, fachlich und räumlich bestimmte Wirtschaftsausschnitte gelangen.

Gesicherte Schlußfolgerungen können aus solchen Diagnosen erst gezogen werden, wenn es gelingt, die Spannungssystematik durch eine auf sie zu gründende „Handelsformenlehre" zu ergänzen.

Jede der theoretisch umschriebenen Spannungen schließt eindeutig erkennbare Aufgaben in sich, deren Lösung besonders geartete Qualitäten der zu ihrem Ausgleich eingesetzten Kräfte verlangt. Daraus folgt, daß die Handelsformenlehre an eine Betrachtung der praktisch gegebenen oder auch der nur gedanklich vorgestellten Handelsgestaltungen mit der Frage nach den besonderen Merkmalen ihrer Struktur *wie* ihrer Leistung herantreten muß (s. die unten folgenden Übersichten über Struktur- und Leistungsmerkmale wichtigster Handelsformen).

4*

Die genauere Darstellung der einzelnen Handelsformen muß in umfassenden Monographien erfolgen, deren Reihe allen wesentlichen Typen, Variationen und Kombinationen Rechnung trägt. Das Interesse an einheitlicher Ausrichtung (Vergleichbarkeit) dieser zahlreichen Einzeluntersuchungen rechtfertigt den Versuch, hier wenigstens ein Merkmalschema zu entwickeln.

B. Versuch einer Merkmalsystematik der Handelsformen

Gegen ein solches Vorhaben sind gewichtige Bedenken vorzubringen. An erster Stelle ist einzuwenden, daß die hierbei vorzunehmenden Generalisierungen nur als bedingt zulässig erscheinen.

Sie lassen sich rechtfertigen durch eine bescheidene Zielsetzung! Ihr Zweck ist erfüllt, wenn sie der Primitivität einseitiger Interessentenurteile, die nur der je eigenen Handelsform Wert zuerkennen, durch Veranschaulichung der Tatsache begegnen, daß alle Handelsformen weit voneinander abweichen, eine jede von ihnen dabei aber irgendwelche Besonderheiten aufweist, die ihre Bevorzugung durch bestimmte Produzenten unter gegebenen Umständen erklärlich machen.

Es werden dann Strukturmerkmale und Leistungsmerkmale nebeneinander zu vergleichen sein, von denen viele wiederum in sehr unterschiedlichem Grade gegeben sein können.

In negativer Hinsicht leistet die so gebotene Merkmalübersicht insofern fraglos gute Dienste, als sie die vollendete Widersinnigkeit jedes *verallgemeinernden* Werturteils über die eine oder andere Handelsform dartut.

Darüber hinaus sollte es noch möglich sein, auf dem hier beschrittenen Wege über die Entwicklung eines *General*nenners hinaus zur Bestimmung der größtmöglichen *Teil*nenner zu gelangen, auf die sich dann alle Sondergestaltungen der einzelnen Handelsformen doch bringen lassen.

Anmerkung des Herausgebers: Nach diesen wenigen vorbereitenden Sätzen, von denen mancher ein ganzes Programm bedeutet und deshalb auch als selbständiger Absatz hierher gesetzt wurde, gibt Lampe mit den beiden Übersichten über die „Struktur- und Leistungsmerkmale wichtigster Handelsformen" (s. unten) den einzig authentischen Anhalt dafür, was ihm als *„Merkmalsystematik der Handelsformen"* vorgeschwebt hat.

Er unterscheidet — unter Ausschluß des Einzelhandels, dessen vielfältige „Formen" den Systemgedanken wohl eher verwischt als verdeutlicht hätten — folgende *neun Handelsformen:*

Sortimentsgroßhandel,
Fachgroßhandel,
Einkaufsvereinigungen,
Syndikate,
Werkshandel,
geschlossener Warenweg,
Handelsvertreter,
Makler,
Reisende.

Für jede dieser Handelsformen führt er dann in der Vorspalte die ihm wichtig erscheinenden Struktur- und Leistungsmerkmale an und kennzeichnet deren jeweiliges Auftreten bei ihnen durch sechs besondere *„Gradsignaturen"* als:

kennzeichnend,
häufiger vorkommend, aber nicht kennzeichnend,
nicht wesentlich, aber — wenn auch nur selten — vorkommend,
praktisch ausgeschlossen,
wesentliches Struktur- oder Leistungsmerkmal,
verhältnismäßig oft vorkommend und insofern wesentlich.

Als *Strukturmerkmale* erscheinen ihm dabei Tatbestände beachtenswert, die die Warenbeschaffung, die Warenverwaltung und den Warenabsatz modifizieren. — Bei der *Warenbeschaffung* sind das Zahl, Art und Betriebsgröße der Lieferanten, Beständigkeits-, Intensitäts- und Abhängigkeitsgrad in den Lieferantenbeziehungen. Bei der *Warenverwaltung* wird auf den Kräfteeinsatz in bezug auf Personal und Kapital und auf die Warenbehandlung in Form von Lagerhaltung, Sortimentsbildung sowie Warenzurichtung abgestellt. Im *Warenabsatz* wird die Abgrenzung und der Marktradius des Absatzraumes, Zahl, Art, Größe und Gebundenheit der Kunden festgehalten und die Besonderheit der Nachfrage in bezug auf Nachfrageschwankungen, Nachfragedifferenzierung und Bedarfsgruppenbildung charakterisiert.

Bei den *Leistungsmerkmalen* wird nach Leistungen gegenüber der Angebotsseite und Leistungen gegenüber der Nachfrageseite unterschieden. — Als *Leistungen gegenüber der Angebotsseite* sind aufgeführt: Bezugsquellensuche; Lieferantenberatung nach allgemeiner Marktlage, besonderen Märkten, Konkurrentenleistungen, neuen Möglichkeiten und speziellen Kundenwünschen; Lieferantenentlastung auf finanziellem, geschäftstechnischem und wirtschaftlichem Gebiete; Lieferantenlenkung in Form der Beeinflussung der Produktion, der Einflußnahme auf die Marktgestaltung, der Gestaltung der Verkaufsbedingungen. Als *Leistung gegenüber der Nachfrageseite* werden registriert: die Käuferberatung in bezug auf die allgemeine Wirtschaftslage wie in bezug auf die Bestimmung von Bedarfsmenge, Bedarfsqualität, Einkaufszeitpunkt und Einkaufsbedingungen; die Warenbereitstellung in Form einer Vermitt-

Übersicht
über Struktur- und Leistungmerkmale wichtigster Handelsformen
(unter Ausschluß des Einzelhandels)

Erster Teil: Strukturmerkmale

				Handelsformen								
				Sg	Fg	Ev	Sy	Wh	Gw	Hv	Mk	Rs
A. Warenbeschaffung	I. Allgemeine Kennzeichnung der Lieferanten	1. Zahl der Lieferanten	a. groß	/	−	⌐	0	0	0	⌐	/	0
			b. mittel	/	/	/	⌐	0	0	/	0	0
			c. klein	0	0	0	/	0	⌐	−	0	0
			d. nur ein Lieferant	0	0	0	0	/.	/	⌐	0	/
		2. Art der Lieferanten	a. Industrie	/	/	/	/	/.	/	/	/	/
			b. Handwerk	0	0	⌐	0	0	0	0	0	0
			c. Landwirtschaft	−	−	0	0	0	0	0	0	0
			d. Großhandel	⌐	0	⌐	0	0	−	−	−	/
		3. Betriebsgröße der Lieferanten	a. groß	−	−	−	/	/.	/	−	/	/
			b. mittel	/	−	−	⌐	0	⌐	/	⌐	−
			c. klein	/.	−	⌐	0	0	0	⌐	0	0
	II. Beziehungen zu den Lieferanten	1. Beständigkeitsgrad	a. absolut	0	0	0	⌐	/.	/	0	0	/
			b. groß	−	/	/	/.	0	0	/.	0	0
			c. mittel	/	/	/	0	0	0	−	0	0
			d. gering	⌐	⌐	0	0	0	0	⌐	−	0
			e. unbeständig	⌐	⌐	0	0	0	0	0	/.	0
		2. Intensitätsgrad	a. groß	−	/	−	/	/	/	/.	0	/
			b. mittel	/	−	−	0	0	0	/	0	0
			c. gering	⌐	⌐	0	0	0	0	⌐	/	0
		3. Abhängigkeit	a. absolut	0	0	0	/	/	/	0	0	/
			b. groß	⌐	⌐	0	0	0	0	⌐	0	⌐
			c. begrenzt	−	−	−	0	0	0	/	0	0
			d. nicht vorhanden	/	/	/	0	0	0	⌐	/	0
		4. Angliederung von Produktion	a. für ganzes Sortiment	0	0	0	/	/	/	0	0	/
			b. für große Sort.Teile	0	0	0	0	⌐	⌐	0	0	0
			c. für geringe Sort.Teile	_/	⌐	−	0	0	0	0	0	0
			d. Auftrg.Prod. (Hand.Mark.)	−	−	_/	0	0	0	0	0	0

Erklärung der Abkürzungen und Zeichen

Sg = Sortimentsgroßhandel
Fg = Fachgroßhandel
Ev = Einkaufsvereinigungen
Sy = Syndikate

Wh = Werkshandel
Gw = Geschlossener Warenweg
(Bei Werkshandlungen und beim Geschlossenen Warenweg haben wir es mit vollkommen abhängigen Vertriebsorganen zu tun, so daß nur mit Vorbehalt von ihren „Lieferanten" und vollends von ihren „Leistungen" gegenüber der Angebotsseite gesprochen werden kann.)

Hv = Handelsvertreter
Mk = Makler
Rs = Reisende
/ = kennzeichnend
− = neutral (häufiger vorkommend, aber nicht kennzeichnend)
⌐ = nicht wesentlich, aber doch — wenn auch seltener — vorkommend
0 = praktisch ausgeschlossen
/. = hier liegt ein *besonderes*, wesentliches Struktur- oder Leistungsmerkmal vor
_/ = verhältnismäßig oft vorkommend und insoweit wesentlich
? = (in Verbindung mit anderen Zeichen) Hinweis darauf, daß eine regulär erwartete Leistung nur bedingt oder begrenzt möglich erscheint

Übersicht
über Struktur- und Leistungmerkmale wichtigster Handelsformen
(unter Ausschluß des Einzelhandels)

Erster Teil: Strukturmerkmale

				Handelsformen								
				Sg	Fg	Ev	Sy	Wh	Gw	Hv	Mk	Rs
B. Warenverwaltung		1. Kräfteeinsatz	a. Einsatz von Personal	/	/	/	/	/	/	⌐	–	O
			b. Einsatz von Kapital	/	/	/	/	/	/	⌐	–	O
		2. Warenbehandlung	a. Lagerhaltung	/	/	/	/	/	/	O	O	O
			b. Sortimentsbildung	/.	/.	/.	–	⌐	⌐	/	–	O
			c. Warenzurichtung	⌐	/.	–	O	⌐	⌐	–	O	–
C. Warenabsatz	I. Raumgestaltung	1. Abgrenzung	a. gebunden	O	O	O	⌐	O	O	O	O	/
			b. faktisch bestimmt	–	⌐	/	/	–	/	/	O	O
			c. nicht vorausbestimmt	⌐	/	O	O	O	O	O	/	O
			d. veränderlich	–	/	⌐	⌐	/	–	–	/	–
		2. Marktradius	a. weit	–	/	–	–	–	/	⌐	/.	O
			b. mittel	/	–	–	–	/	–	/	O	–
			c. eng	⌐	O	⌐	⌐	O	⌐	–	O	/.
	II. Kundenkreis	1. Zahl der Kunden	a. relativ groß	/	/	/	/	–	/	⌐	/	O
			b. mittel	–	O	–	–	⌐	–	/	O	/
			c. klein	O	O	O	O	O	⌐	⌐	O	O
		2. Art der Kunden	a. Produzenten	–	/	⌐	–	–	–	–	–	–
			b. Händler	–	–	/.	–	–	–	–	–	–
			c. Großverbraucher	–	⌐	⌐	–	–	+)	–	O	–
		3. Größe der Kundenbetriebe	a. groß	⌐	/	⌐	/.	/	–	/	/	–
			b. mittel	–	–	/.	⌐	⌐	–	/	⌐	–
			c. klein	/	⌐	⌐	O	O	–	⌐	O	–
		4. Beziehungen z. d. einzelnen Kunden	a. eng	⌐	/	–	⌐	⌐	⌐	/.	O	/.
			b. lose	–	⌐	⌐	_/	_/	_/	⌐	/	⌐
	III. Charakter der Nachfrage++)	1. Schwankungen	a. beträchtlich	⌐	⌐	O	O	O	O	–	/.	O
			b. übersehbar	/	/	⌐	–	O	–	–	–	–
			c. gering	/	⌐	/.	/.	/.	/.	–	O	/.
		2. Differenzierung	a. stark	⌐	/	O	⌐	O	O	/.	–	⌐
			b. mäßig	/	⌐	⌐	–	⌐	⌐	–	–	/
			c. gering	⌐	O	/.	/.	/.	/.	–	O	–
		3. Bedarfsgruppenbildung	a. weit gespannt	/	O	O	O	O·	O	⌐	O	–
			b. begrenzt	–	_/	/	–	O	⌐	–	–	/
			c. eng	O	/	⌐	/	/	/	–	–	–

---

†) Außerdem auch letzte Verbraucher (beim Geschlossenen Warenweg).
††) Die insgesamt vom betreffenden „Vertriebsorgan" bediente Nachfrage.

Übersicht
über Struktur- und Leistungmerkmale wichtigster Handelsformen
(unter Ausschluß des Einzelhandels)
Zweiter Teil: Leistungsmerkmale

	Handelsformen								
	Sg	Fg	Ev	Sy	Wh	Gw	Hv	Mk	Rs
A. Gegenüber Angebotsseite — I. Bezugsquellensuche	/	/.	−	0	0	0	⌐	/.	0
II. Lieferantenberatung bezüglich — 1. Allgemeine Marktlage	−	−	_/	/?	/‾?	0	−	−	0
2. Besondere Märkte	−	/.	/	/.	/?	/?	/.	/.	/?
3. Konkurrentenleistungen	_/	_/	−	0	−?	−?	/.	−	/?
4. Neue Möglichkeiten[1]	−	/.	⌐	_/	−?	−?	/.	−	−
5. Spezielle Kundenwünsche	−	_/	0	0	/‾?	/‾?	/.?	0	/.?
III. Lieferantenentlastung — 1. Auf finanziellem Gebiet — a. Kreditgewährung	−	_/	−	0	0	0	0	0	0
b. Vorauszahlung	⌐	−	−	0	0	0	0	0	0
c. Delorederisiko	⌐	⌐	−	0	0	0	⌐	0	0
d. Kundenüberwachung	0	0	0	/	/	/	/.	0	/.
2. In geschäftstechnischer Hinsicht — a. Geschäftsabschluß	/	/	/	/	−	/	⌐	0	⌐
b. Geschäftsabwicklung	/	/	/	/	−	/	−	−	−
c. Pflege der geschäftl. Beziehg. d. Lieferant.	0	0	0	0	/.	/.	/.	0	/.
3. Auf wirtschaftlichem Gebiet — a. Großbezug	/.	/	/.	/.	0	0	0	0	0
b. Risikoübernahme	/.	/	·/	0	0	0	0	0	0
c. Warenpflege	/.	/	/	/	/	/	0	0	0
IV. Lieferantenlenkung — 1. Unmitt. Prodkt. Beeinflussg. — a. Anregung neuer Produktion	−	/	−	−	−?	−?	/.?	0	−?
b. Hinweis auf neue Verwendungsmöglichkeiten	−	/.	⌐	_/	−?	−?	/.?	0	−?
2. Einflußnahme auf Marktgestaltung — a. Werbung — Allgemeine Werbung	−	_/	_/	/	/	/	−	0	0
a. Werbung — Persönliche Kundenwerbg.	−	_/	_/	0	_/	/	/.	0	/.
b. Erschlßg neuer Märkte ("Einf.") — räumlich	−	/	_/	−	−	0	0[2]	/.	0
b. Erschlßg neuer Märkte ("Einf.") — Direkte Kundenzuführung	0	0	0	0	/	/	/.	/	/.
3. Gestaltung d. Verkfs. Beding. — a. Preisbeeinflussung	−	/	_/	/	−?	−?	−?	/	/‾?
b. Konditionenbeeinflussung	−	/	_/	/	−?	−?	−?	/	/‾?

1) Technisch beziehungsweise marktlich.
2) /. bei neuem Einsatz von Handelsvertretern in irgendwelchen Bezirken.

Übersicht
über Struktur- und Leistungmerkmale wichtigster Handelsformen
(unter Ausschluß des Einzelhandels)
Zweiter Teil: Leistungsmerkmale

Bereich	Gruppe	Merkmal	Sg	Fg	Ev	Sy	Wh	Gw	Hv	Mk	Rs
B. Gegenüber Nachfrageseite											
I. Käuferberatung	1.	Allgemein über Wirtschaftslage	–	–	_/	–	/?	0	–	–	⌐
	2. Bedarfsfeststllg., u. zwar Bestimmung von	a. Bedarfsmenge	_/	_/	_/	-?	-?	-?	/?.	/	/?
		b. Bedarfsqualität	_/	/.	–	-?	-?	-?	/?.	/	/?
		c. Einkaufszeitpunkt	_/	/	–	-?	-?	-?	/?.	/	/?
		d. Einkaufsbedingungen	_/	/	–	-?	-?	-?	/?.	/	/?
II. Warenbereitstellung	1.	Vermittlung direkten Bezugs	⌐	–	_/	0	0	0	/.	/	/
	2. Lagerhaltung	a. Deckung von Sofortbedarf	/	/	_/	0	–	/	0	0	0
		b. Ausgleichung von Marktschwankungen	/	/	–	0	0	0	0	0	0
	3. Sortimentsbildung	a. Anpassung an Bedarfsgruppen	/	/	/	0	0	-?	–	0	0
		b. Qualitätsauslese [3]	/	/.	–	0	0	-?	-?	/	/?
	4.	Aufteilung [4]	/.	/	/.	0	0	0	0	0	0
	5. Hilfsdienste	a. Warenabpackung	/	/	/	/	/	/	0	0	0
		b. Warenzustellung	/	/	/	/	/	/	0	0	0
		c. Übernahme von Garantien	_/	/.	/	–	/	/	0	0	0
		d. Warenzurichtung	/	/.	_/	⌐	⌐	⌐	0	0	0
III. Kundenbehandlung	1. Beratung	a. Marktliche und frachtliche Beratung [5]	_/	/.	/	/?	/?	–	/?.	/	/?
		b. Information über Lieferungsleistungen	⌐	–	–	0	/?	0	/?.	0	/?
		c. Beratung bei Geschäftsführung	⌐	_/	/.	–	⌐	0	–	0	/?
		d. Werbungsberatung und -hilfe	:	–	/.	–	⌐	0	–	0	/?
	2. Hilfe bei Warenverwendung	a. Technische Anweisungen	0	/.	–	_/	_/	0	/.	–	/.
		b. Aktive Mithilfe	0	_/	0	–	–	0	/.	0	/.
	3. Hilfe bei finanzll. Regelg.	a. Kreditgewährung	/	/	_/	–	–	⌐	0	0	0
		b. Vereinfachung der Zahlungsregelung [5]	/.[6]	_/	/.	⌐	0	0	0	0	0
	4. Geschäftsabwicklung [7]	a. Vereinfachung der Auftragserteilung	/	_/	/.	⌐	0	:	/.	/.	/.
		b. Durchführung von Reklamationen	_/	'	_/	⌐	/	/	/?.	–	-?

3) Unter konkurrierenden Angeboten.
4) Abgabe in vergleichsweise kleineren Mengen als von Produktion erhältlich.
5) Jenseits der Beratung bei Kaufverhandlungen.
6) Im Vergleich zu Direktbezug bei mehreren Lieferanten.
7) Im Vergleich zu gedachtem Direktverkehr mit Produzenten.

lung direkten Bezuges, eigener Lagerhaltung, Sortimentsbildung und Mengenteilung einschließlich einschlägiger Hilfsdienste wie Warenabpackung, -zustellung, Garantieübernahme; die Kundenbehandlung in Form einer Beratung jenseits der bei Kaufverhandlungen normalerweise erfolgenden und daher unter Käuferberatung schon erwähnten: in Form einer Hilfe bei der Warenverwendung, bei der Umsatzfinanzierung und bei der Umsatzabwicklung. Als Erläuterungen zu dieser Merkmalsystematik der Handelsformen fanden sich bei Lampe nur noch die folgenden, zum Teil kritischen Sätze, die dann in einer nochmaligen Zusammenfassung der Gedankenführung und der Gesamtabsicht seines Konzeptes ausklingen.

Um der Differenziertheit des Wirtschaftslebens und dem für gemeinsam und typisch gehaltenen in der gewagten Merkmalsystematik Rechnung zu tragen, werden durch Verwendung entsprechender Zeichen Gradunterscheidungen vorgenommen, aber auch Schwerpunkte angegeben, die auf wesentlichste Kennzeichen und Leistungen hindeuten. Hier ist wie bei der Spannungstheorie eine Überprüfung aus praktischer Erfahrung heraus geboten.

Wenn etwa von „Sortimentsgroßhandel" und „Fachgroßhandel" die Rede ist, so wird dabei an die Entfaltung „regulärer", den gegebenen Merkmalen entsprechender Leistungen, nicht aber an irgendwelche „Idealbilder" gedacht. Durchgängig ist die eigentliche Funktion ins Auge gefaßt und von weiteren möglichen oder auch häufig vorkommenden Kombinationen abgesehen worden, weil sonst kaum noch eine Grenzziehung möglich wäre.

Beim Leistungsbild des Handelsvertreters wurde also beispielsweise Lagerhaltung als „praktisch ausgeschlossen" bezeichnet. Soweit Handelsvertreter in Wirklichkeit Lager halten, verbinden sie Dienste des Fachgroßhandels mit ihrer für sie „wesentlichen" Tätigkeit als Geschäftsvermittler.

Dort, wo die Realisierung allgemein behaupteter und auch vorwiegend zuerkannter Leistungen zweifelhaft erscheint, wurde der Gradsignatur ein Fragezeichen beigefügt.

Die vorgenommene Unterscheidung von Handelsformen abseits des Einzelhandels muß als noch sehr grob angesehen werden. Als „Geschlossener Warenweg" ist der Verkauf selbst erzeugter Waren durch Filialen oder im Versandwege ebenso anzusehen wie der Verkauf von Gemüse durch einen Bauern am Markt. Und es läßt sich nicht bestreiten, daß die hier wie dort gegebene vollständige Verkoppelung von Umformungs- und Ausrichtungsfunktionen Gemeinsamkeiten bestehen läßt, deren Erfassung und Herausstellung sachdienlich erschien.

Die Gradkennzeichnungen sind weiter insofern nicht unbedenklich, als sie einmal nur relativ zu werten sind und ein fester Maßstab zur Bestimmung der Relation fehlt, zum anderen deshalb, weil sie wie alle „Durchschnittskonstruktionen" (Realtypen) der Wirklichkeit im Grunde Gewalt antun. Man kann die Fachgroßhändler verschiedener Geschäftszweige nicht „addieren und durch die Gesamtzahl teilen", um auf diese Weise so etwas wie einen durchschnittlichen Fachgroßhändler zu finden.

Es gilt aber auch hier die Wahrheit der schon unter Bezug auf „den Handel überhaupt" getroffenen Feststellung, daß allein die Verwendung gleicher Bezeichnungen für eine Fülle von Erscheinungen die Tatsache belegt, daß den ihnen zugehörigen Individualitäten irgendein Gemeinsames zugesprochen werden kann. So wie bei einer aus vielerlei Einzelwerten gebildeten Summe gemeinsame Teilwerte vor die Klammer gesetzt werden können, muß auch das Allgemeine im Besonderen des „bunten" Wirtschaftslebens erkennbar sein. Und es *muß* erkannt werden, wenn die Wirklichkeit schließlich einer durchdachten, gesamtheitlich sinnvollen Gestaltung unterworfen werden soll!

Schluß

Neue Ordnung der Ausrichtungsdienste

Funktionstheorie, Spannungssystematik und Handelsformenlehre sind hier nur in ersten Umrissen aufgezeigt. Ihr Ausbau kann nur das Werk einer weit ausholenden, geduldigen Gemeinschaftsarbeit sein.

Alle mit ihr verbundene Mühe würde reichlich gelohnt werden, wenn sie zu einer grundlegenden Reform der Wirtschaftspolitik verhelfen wollte, in deren Mittelpunkt eine neue Ordnung der Ausrichtungsdienste steht. Ohne sie kann die Prognose der modernen Industriewirtschaft gar nicht zu pessimistisch sein!

Es geht schlechthin um Sein oder Nichtsein der Marktwirtschaft als der *einzig* möglichen Wirtschaftsordnung, die bei sinnvoller, mittelbarer Steuerung durch einen von Interessentengruppen unabhängigen, starken Staat in der Lage sein wird, den hohen Anforderungen der modernen Gesellschaftswirtschaft zu genügen.

Register

MIX
Papier aus verantwortungsvollen Quellen
Paper from responsible sources
FSC® C105338

Printed by Libri Plureos GmbH
in Hamburg, Germany